从犀牛到独角兽

传统企业如何实现数字化转型

［俄］维克多·奥洛夫斯基　［俄］弗拉基米尔·科罗夫金 ◎ 著
（Орловский Виктор Михайлович）　（Коровкин Владимир Владиславович）

彭相珍　周雁洁 ◎ 译

中国出版集团
中译出版社

图书在版编目（CIP）数据

从犀牛到独角兽 /（俄罗斯）维克多·奥洛夫斯基，（俄罗斯）弗拉基米尔·科罗夫金著；彭相珍，周雁洁译. -- 北京：中译出版社，2021.7
ISBN 978-7-5001-6671-9

Ⅰ.①从… Ⅱ.①维… ②弗… ③彭… ④周… Ⅲ.①数字技术—应用—企业管理 Ⅳ.① F272.7

中国版本图书馆 CIP 数据核字（2021）第 112695 号

（著作权合同登记：图字 01-2021-2632 号）

От носорога к единорогу. Как провести компанию через трансформацию в цифровую эпоху и избежать смертельных ловушек © Viktor Orlovsky, Vladimir Korovkin, text, 2020
First published by Eksmo Publishing House in 2020 .The simplified Chinese translation copyrights © 2021 by China Translation and Publish House
The simplified Chinese translation rights arranged through Rightol Media（本书中文简体版权经由锐拓传媒取得 Email:copyright@rightol.com）
ALL RIGHTS RESERVED

出版发行：中译出版社
地　　址：北京市西城区车公庄大街甲 4 号物华大厦六层
电　　话：（010）68359827；68359303（发行部）；
　　　　　68005858；68002494（编辑部）
邮　　编：100044
电子邮箱：book @ ctph. com. cn
网　　址：http://www.ctph.com.cn

策划编辑：于　宇
责任编辑：于　宇
封面设计：仙　境
排　　版：聚贤阁

印　　刷：北京顶佳世纪印刷有限公司
经　　销：新华书店
规　　格：880mm×1230mm　1/32
印　　张：9.75
字　　数：174 千字
版　　次：2021 年 7 月第 1 版
印　　次：2021 年 7 月第 1 次印刷

ISBN 978-7-5001-6671-9　　　定价：68.00 元

版权所有　侵权必究
中　译　出　版　社

序　言

每一个跟商业有关的人，或许很早以前就听说过"数字时代""数字革命"和"数字化转型"这样的词。对于当今世界所发生的变化，也用不着说服某个人去相信其意义和规模。第一本关于数字经济的书出现在 25 年前，最近几年，从各个不同角度来研究这个新的数字化世界的书籍也不在少数。那么，到底值不值得花时间再读这样一本关于数字化转型的书呢？

在我看来，不论您是第一次进入这个数字化转型的世界，还是您早就身处其中，《从犀牛到独角兽》这本书都是值得一读的。同其他关于数字化的书相比，这本书有三个重要的特点，这些不同之处使得这本书无论是对于"新手"，还是对于专业人士而言，都大有裨益。

首先，本书的阐述对象是传统商业中成功大型企业的数字化转型，也就是作者所说的"犀牛向独角兽的转变"。从零开始去创造总比改造要容易得多。本书的作者非常清楚企业转型道路上出现的文化、组织、金融、技术等层面的障碍，他们也非常尊重"犀牛"企业，承认这样的企业有非常多优势。总之，每一个"犀牛"企业都是勇敢的创新者，并且已经找到了新的技术潜力，在内部建立起了一套成功的商业模式。然而，数字化变革的革命性在于，昨天能确保成功的那些行为和方法，明天就可能走向失败。

其次，本书非常关注数字化转型的困难和数字化转型道路上的陷阱。有时热衷于研究数字化转型的人把这件事说得特别简单和理所当然，就造成了这么一种印象：领导者的短视是数字化转型的唯一障碍。本书的作者们认为，现实要复杂得多，真诚而看似深思熟虑的努力没有取得成效，还导致了失败。作者在书中论述的七个陷阱都附上了有力的案例和图解说明。

最后，本书还将大量深入调查的结果和他们个人的生意经连接起来。书中用到了很多有历史背景的案例，通过这些案例我们可以判断出各种转型方案的现实有效性。然而假如作者只是局限于对当今企业的方法展开批评，这是远远不够的，所以作者将分析和个人经验融合到一起，并且提出了避免跌入陷阱或者克服陷阱的转型途径，从而让传统的企业能够同发展迅速的数字化"独角兽"平等地竞争。

不得不说，将有条理的研究同商业实践相结合的方法是莫斯科斯科尔科沃管理学院研究俄罗斯和国际商业巨头的基础，也是创新和研究数字化问题的基础。令笔者感到欣喜的是，这本书的作者之一弗拉基米尔·科罗夫金是我们的同事，多年以来从事着全球数字化转型的研究，取得了不少成绩。另外，俄罗斯著名的数字化实践家维克多·奥尔洛夫斯基也是本书的共同创作人。在此真诚地将本书推荐给广大的企业家和管理人员。

莫斯科斯科尔科沃管理学院院长

安德烈·沙罗诺夫

目 录

前　言　从犀牛到独角兽的转变　001

第一章　数字化转型的重点并非数字　013

第一节　设置情景　015

第二节　"独角兽"和"犀牛"　024

　　　　走近独角兽企业　025

　　　　走近犀牛企业　035

第三节　独角兽企业能做的事情,犀牛企业无法做到　042

第四节　独角兽企业 VS 犀牛企业:一场不公平的竞争　051

　　　　平台经济学　061

　　　　犀牛企业的反应:从拒绝接受到讨价还价　065

　　　　拥抱变化　070

第二章　犀牛企业和独角兽企业有何不同　073

第一节　独角兽企业的优势　075

独角兽企业改变了游戏规则　076

独角兽企业可以获得足够的自由现金流　082

独角兽企业利用集中资源和借力生长开展有效运营　088

独角兽企业建立真正精简且敏捷的组织　093

独角兽企业多强势决定：承担风险并获得回报　101

独角兽企业正在极大地改善客户体验　106

独角兽企业以变求完美　111

独角兽企业可以承受致命打击　116

第二节　自然选择助独角兽企业一臂之力　125

第三章　数字化转型的错误方式　129

第一节　数字化转型中的"致命陷阱"　131

陷阱1："我们照搬其他企业尝试过的路子"　135

陷阱2："不要把所有鸡蛋放在一个篮子里"　142

陷阱3："追求协同效应"　149

陷阱4："我绝不逊色于史蒂夫·乔布斯"　157

陷阱5："外聘职业顾问能够帮助我们成功转型"　166

陷阱6："收购独角兽企业来实现转型"　175

陷阱7："成功"　187

第二节　掉入陷阱的后果：短短 5 年之内，从数字化转型明星沦为行业失败者　195

第四章　数字化转型的正确方式　205

第一节　在开启数字化变革之前　207

做好失败的心理准备　208

坚守初心或因时而动　216

"行业新手"的领导力　220

潜行者：能够带领犀牛企业完成数字化转型的人　221

第二节　数字化转型的三大策略　227

全面数字化　235

数字化包装　243

数字化增色　252

第三节　成功数字化转型的第一手经验　258

第四节　犀牛企业数字化转型的前进路线　263

将企业变成一个风投基金　264

打造技术管理型团队　269

用创造性的盈利方式取代传统营销　272

自主研发专属的技术解决方案　277

结　语　283

附　录　291

前言

从犀牛到独角兽的转变

企业的数字化转型已经是一个老生常谈的话题。不管在何时何地,各行各业的管理者和企业家们或多或少都在谈论同样的事情:冲击、平台、优步化(Uberization)、人工智能、"实体数字融合"(digical,由 physical 与 digital 合成,意为由数字引擎驱动实体系统),等等。人们对这个过程也做了诸多反思,每周都会发布长达数百页的、关于所有数字事务的优质原创读物,除此之外,还有长达数千页的原创性较低、质量较差的读物。图书馆和商店的书架上堆满了这类图书。当我们跟别人提出想就该领域创作一本书的时候,很多人都试图婉转地告诉我们:我们已经晚了几年,现在才写这种书,不会产生什么影响。

然而,从日常的商业经验来看,我们知道,全球大多数企业的高管对这一现象仍然存有困惑。他们觉得自己在这件事情上错过了一些重要的信息，肯定是出现了某些问题。因为尽管他们的公司盈利不错、新的生产资料十分高端，但公司的市值却停滞不前，而那些没有行业经验、没有什么重要资产、收益为负数的新公司却在飞速发展。难道自己几十年来辛辛苦苦、仔仔细细打造出的这一切，都要在几年内毁于一旦吗？

很多企业高管自我安慰，也互相安慰，认为那些被过度炒作的商业新星不过是"泡沫"而已，迟早会破灭。泡沫破灭之后，一切都会恢复正常。另一些人则称，现在这种情况其实无关紧要：几百年来，新技术一直层出不穷，在接受新技术这一方面，企业一般都不会遇上什么难题。只是有的企业接受得快一些，有的则慢一些，但总而言之，在市场竞争中，对新技术的接受速度是完全可控的。

然而，一些新情况的确正在发生。过去的技术致力于创造市场，而现在的技术却经常破坏市场。令人十分不安的是新型消费者、商业模式和企业参与者的到来，而不是技术本身的出现。正如我们稍后将看到的那样，数字系统是转型变革的重要推动者，但由其引发的进程却在本质上具有社会经济属性。

在数字经济中蓬勃发展的新型商业领袖公司被称为"独角

兽"①，这一称呼十分贴切。这类公司的经营原则与以前的成功企业截然不同。不少观察家对独角兽企业的到来表示欢迎，称它们为更多的客户提供了更多的价值，创造了新的经济机会，并在很大程度上改变了世界，让世界变得更加美好。彼得·蒂尔（Peter Thiel）、布莱克·马斯特斯（Blake Masters）在《从0到1》（Zero to One: Notes on Startups, or How to Build the Future）一书中，大力介绍了初创企业所能创造出的令人喜悦的新世界。

然而，企业应该如何应对？企业破产消亡带来的只有苦果，在屈从于不可避免的情况之前——如果这种情况是真的不可避免的——每个人都希望探索所有可能的行动路线，这是可以理解的。但对于一个成功高效的传统企业而言，或许有一种适应这些变化的方法？这种理解就引入了企业在数字化时代的转型这一话题。在这一话题中，我们看到，问题比答案多了一个数量级。

在当下的商业环境中出现了一个新的焦虑源，即错失恐惧（FOMO）。许多企业的首席执行官（CEO）越来越频繁地问自己，他们所在的行业和自己公司的业务是否能在新一轮的技术革命中生存下来。10年前，一个CEO会有7—10

---

① 这一术语还有一个更专业的意义，指的是获得风险投资、市值超过10亿美元的初创公司。不过我们还是认为，改变当今商业世界格局的典范公司的范围要比这个定义更广泛，我们将在后面详细探讨这一点。

年的任期,在这个时间跨度内,他有相当大的把握可以预见大部分甚至是全部的行业趋势。他们几乎不可能注意不到那些重要到可以大规模地改变整个行业、颠覆整个公司业务的事情。

现在情况已不同往日。一个颠覆性的变化可能会威胁到整个行业,极大地改变其竞争格局,在这种颠覆真正发生之前,人们几乎不可能预测到它的到来。有哪个酒店行业的大师能想到,爱彼迎(Airbnb)和缤客(Booking.com)等平台的出现会深刻地打破酒店业的平衡。交通、消费金融、媒体或零售业也面临着同样的情况。来自传统企业的高管们发现自己的关注点发生了根本性的转变,因为他们所面临的挑战与几十年前他们的前辈所面临的挑战有很大的不同。首席惊喜官(CXO)所面临的压力变得巨大,原因有以下三点:

1. 新技术进化和全面应用的速度比以往任何时候都要快,在一个 CEO 的平均任期内(现在一般为 8 年左右),很有可能会发生对公司业务的全面颠覆性变化,对传统企业是如此,对数字企业也是如此。今天,没有任何一个业务领域,可以保证不受变化的干扰。那些试图追赶变化的人得到了一个难以接受的教训:如果他们潜心研发真正的创新，他们就是在颠覆自己的业务。有时候，这些创新甚至在对市场产生明显影响之前，就已经"吞噬"了公司业务中利润最大的部分。

2. 由于不确定性已经转移到消费者行为这一领域，如何建立竞争力已经发生了变化。客户在决策上变得极其随意、灵活和快速，如果他们第一眼不喜欢某一样产品，他们就不愿意去努力深入了解这一产品，也不给任何人口头提供反馈的机会。对客户习性的了解，变得比对产品和技术的了解更有价值，新型的商业数据在这里起到了至关重要的作用。现在的企业高管很少有人能够熟练地掌握处理这些数据的方法——甚至没有理解这类数据的重要性。

3. 雇用人才的性质已经发生了变化。远古的神话时代似乎又回来了，在一场战斗中，一个英雄的价值可能超过几十个外行人的价值。现在的企业领导力，是要在自我组织、自我管理的团队中管理自律的、自主的、创造性的工作。每个人似乎都承认这一点，但很少有企业能将其付诸实践。

我们已经看到许多企业界的同行对这种变化感到不安和困惑。我们知道，世界上许多企业高管在面对以下问题的时候，都希望得到深刻而有力的答案。这些问题包括：

- 我的公司会在几年内倒闭吗？
- 为什么初创公司没有展示出一点可盈利的迹象，却可以吸引到投资者，而我公司的股东们却为每一个百分点的利润而对我严加审核？
- 为什么初创公司面对那些对自己行业里的一切都了如指掌的老手，可以与之展开有效的对抗？

还有，最重要的是：

- 我的公司该如何提升竞争力，以捍卫自己的市场地位？如何能像这些"独角兽"一样，变得更强大——甚至可能让我的公司也变成独角兽企业？

这种转变，我们称之为"从犀牛到独角兽"的转变，从一个今天卓有成效的大公司，变成一个更适应形势发展的公司，无论明天出现什么样的竞争，都能从容应对。

我们是谁呢？我们中有两位是企业高管，自2000年以来一直是俄罗斯零售业革命的领导者；还有一位是具有丰富创业经验的经济学教授[①]。我们的经验汇总在一起,涉及消费金融、食品和非食品零售、消费者营销和广告,当然还有数字技术等领域。我们的相遇产生了一种奇特的处理问题的方法。我们所讲述的一切都是以经验为基础的,直接源自我们在新兴市场和先进市场运营一些大型公司的日常实践。然而,这种经验总要经过丰富的研究和验证。我们的研究团队不厌其烦地阅读了大量的媒体文章和企业报告,收集数据表,研究全球数字化转型的成功和失败案例。我们注重挖掘出其中的故事,在这些故事中,我们可以观察和评估大型传统企业几年来开展"数字化"的实际成果。我们这次收集了来自世界各地的约40个案例——先进市场和新兴市场的比例大致相等——这些故事让我们对什么是有效的、什么是无效的以及其背后的原因有了深刻的认识。

我们发现,将两种方法结合在一起——在对自己的商业实践开展纯粹反思的同时,也对一页页文本和一组组数据进行学

[①] 更准确地说,作者之一目前是俄罗斯联邦储蓄银行(Sberbank)的首席运营官和第一副首席执行官。俄罗斯联邦储蓄银行是东欧最大的银行,在《财富》全球500强企业中排名中上。他此前曾出任Jet.com(一家美国电商公司)的副董事长、沃尔玛的高级副总裁和俄罗斯最大的食品零售连锁店的首席执行官。还有一位作者曾是俄罗斯联邦储蓄银行的首席技术和创新官,现在是硅谷一家风险基金的合伙创始人。第三位曾担任一家通信控股公司和一家零售银行的副总裁,之后在俄罗斯最大的私立商学院从事学术工作。

术性阅读——对于筛选和探索数字化转型的挑战极为有效,我们将这些挑战称为"陷阱"。在商业活动中,"陷阱"是指遵循一个非常合理和稳妥的行动方案之后,甚至可能是遵循了一个最合理和稳妥的行动方案之后,却遭遇了一场灾难。陷入陷阱不是因为疏忽或短视,而是因为这些陷阱是特别危险的、难以避免的。我们筛选了7种这样的陷阱,它们几乎是所有已知的企业数字化转型失败的原因。

当我们开始编写这本书时,我们目睹了一些人口中的数字企业的"结构性转变"。全球最大的在线零售商亚马逊以近140亿美元的价格收购了美国实体食品连锁店全食超市(Whole Foods Market)。此前,从来没有一家数字经济领头羊公司这么大动干戈地进驻实体经济领域。在这桩改变了人们对数字化与商业性的理解的交易发生前一年,曾经出现过另一笔零售业并购案。彼时,沃尔玛以超过30亿美元的价格收购了Jet.com。

对我们而言,收购Jet.com的交易在某种意义上是"从犀牛到独角兽"转型尝试的典型案例。基于我们在零售业(包括杂货业和零售金融业)的经验,我们对收购后第一年内取得的业务成果和增长轨迹特别感兴趣[①]。我们分析了几乎所有关于

[①] 事实上,作者之一是那次交易的内部人士,他不能以个人名义叙述交易的经过和当事各方的动机。我们对这场交易的解读,仅仅基于可公开的资料。

这笔交易及其后果的公开信息，发现了许多迹象，证实了我们关于在转型过程中七大陷阱的理论。虽然现在做出最终判断还为时过早，但我们认为，对该案例的解读是基于2005年前后一些大型企业试图进行数字化转型的背景，这将给读者提供一些适用于任何商业形式的重要借鉴。

数字化时代企业转型的成功，与传统管理理论的大部分内容相悖。比如，这些成功的案例并没有走"坚持核心业务""围绕核心业务建立协同效应"的道路。相反，这些企业看起来像十分多元化的控股企业，并没有把整合放在优先位置。它们像是大的企业家族，每年有几次团聚，开展广泛的沟通。

这会带来不同的后果吗？经验和研究告诉我们，这种可能性很小。如今，几乎所有事物都在数字化转型过程中，这是一种非常强势的过程，决定了组织大企业的新形式。允许动用大笔资金建立和拥有重资产，这个在20世纪十分有效的方法已经不再奏效。因此，传统企业必须死亡吗？并非如此。企业将有一个利基，也是一个非常重要的利基：开发和维护世界赖以运行的关键资产，这其中也包括数字世界。

尽管如此，我们所熟知的公司形式可能将不再是大型企业的主要组织形式。其他形式的募集资金、管理运营以及为客户提供价值的方式正在兴起，这些形式将变得越来越重要。"从犀牛到独角兽"转型的关键在于不断进行反向收购的战略，即购买质量更好、发展更快的公司，让它们为你的公司服务，而不是像往常一样收购经营不善的公司。使用这种方法的公司，已经收获了令人印象深刻的成果，并且我们预期这些公司还将继续收获更多的成果。请继续阅读这本书，以了解其中的原因。

第一章

数字化转型的重点并非数字

第一节　设置情景

那是一个周末,仅数小时之内就有两份新闻稿发布出来,一些观察家称之为全球零售业的"结构性转变"的标志。2017年6月16日星期五,电子商务巨头亚马逊宣布将通过收购全食超市,全面进入实体市场。同一天,传统零售业无可争议的领导者沃尔玛宣布将收购一家名为Bonobos.com的当红在线时尚商店。尽管交易规模差异很大(收购全食超市的价格为138亿美元,而收购Bonobos.com的价格为3.1亿美元),但就对行业可能产生的战略影响而言,两笔收购似乎处于同一量级。

在世界其他地方,2017年的夏天同样是地动山摇。在俄罗斯，银行巨头俄罗斯联邦储蓄银行正在收购医疗和电子商务的数字平台，对后者的收购案例创造出了俄罗斯第一个正式的"独角兽"——价值10亿美元的初创公司。在中国，阿里巴巴很有可能成为全球最有价值的数字公司，该公司已经宣布将向实体零售业扩张的战略。综合来看，这些举动清楚地表明，"数字"和"非数字"企业之间看似牢不可破的边界线即将消失。

当然，我们早就预见了这一点。传统行业的大公司通过收购刚成立不久的创新企业来实现自身的数字化。媒体注意到企业风险投资基金又开始复兴[1]。近几十年来，只有施乐（Xerox）或IBM等"高科技"公司才会使用这一工具。今天，突然间，世界上几乎所有的大公司，无论身处什么行业，都设有风险投资基金部门。从航空航天到银行业，从杂货零售到采矿业——企业越来越多地将利润投入对初创企业的资助中。有趣的是，这些资金中约有一半投资到了非公司所在行业的领域。

然而，这种投资流动看起来是单向的流动：旧世界逐渐吸收新世界。正如最伟大的足球名将贝利曾夸下的海口："你们能进多少球就进多少球，我们想进多少球就进多少球。"在这个意义上，亚马逊收购全食超市的交易改变了游戏规则。数字

---

[1] 例如，贝尔梅森集团（Bell Mason Group）报告发现，企业风险投资基金增长强劲，但面临障碍，详见 globenewswire.com 网页。

公司的表现让人相信它们的口袋也很深①。现在最大的问题是，如果其他数字巨头，比如谷歌（Google）、易贝（eBay）或阿里巴巴，也效仿这一路线，会发生什么事情？或者真正的问题不是"这些数字巨头会不会走上这一条路"，而是"它们还有多久会走上这一条路"。

如果数字公司的领头羊侵入更传统的商业领域，会有什么变化呢？首先，它们将带来全新的活力。表1.1展示出了自20世纪90年代以来一些传统零售业领头品牌的销售量是如何增长的。

表1.1　1990—2017年部分传统零售品牌销量增长情况

	1990年	1995年	2005年	2017年
家得宝（Home Depot）	1	4.08	19.21	25
沃博联（Walgreen Boots Alliance）	1	1.73	6.5	19.33
沃尔玛（Wal-Mart Stores）	1	2.87	8.74	14.88
开市客（Costco Wholesale）	1	1.92	5.27	13.01
家乐福（Carrefour）	1	2.18	6.4	6.26
克罗格（Kroger）	1	1.18	2.76	5.67
塔吉特（Target）	1	1.19	3.2	4.76

注：销售量动态表，1990年的销售额=1。

---

① 有趣的是，一些独角兽企业如腾讯或Slack也设置了企业风险投资基金，在核心业务之外进行投资。

不得不说，这份成绩单的确令人印象深刻，有些公司现在的销售额是 27 年前的 20 倍。

但是，从 2005 年到 2017 年的短短 12 年时间里，亚马逊的销售额提升了 19.4 倍，而表现最好的家得宝在 25 年内才能实现这一速度的增长。情况就是这样：数字经济领头企业的发展速度比最好的传统企业至少快了 1 倍。

这种速度产生了惊人的结果。图 1.1 是《福布斯》发布的 2017 年和 2005 年全球前 20 大零售商的市场价值对比。我们看到，图 1.1 的很多条目其实没有可比性。这是有原因的：这些公司在 12 年前根本就没有市值或者市值太小。在目前的前

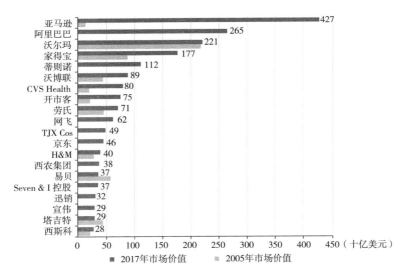

图 1.1　2017 年与 2005 年全球前 20 零售商市场价值对比

20名中，正好有一半的公司在2005年时还没有创建。

在近10年里，商业世界发生了深刻的变化。我们几乎可以为每个行业都画出像这样的一幅图表。顶级公司完全被重新洗牌，其混乱的程度看起来就像是用扑克牌的规则指导的国际象棋。

在零售业界，只有一家公司的市值在12年的时间里几乎没有受到影响。2005年《福布斯》在收集数据进行排名时，沃尔玛的市值为2 190亿美元，2017年这一数字以极小的幅度增加到了2 210亿美元，尽管在此期间，沃尔玛的销售量几乎翻了一番。

有时候，在动荡时期保持稳定是一种巨大的成功。然而对于股东而言，当股价十几年不变的时候，就算不上成功。毕竟，沃尔玛身为2005年的行业霸主，其稳定的市值在我们这个时代仅仅排名全球第三。而在投资者眼中，亚马逊这个竞争对手，销量只有沃尔玛一半左右的数字公司，市值却是沃尔玛的两倍。

沃尔玛上一次披露其线上销售量是2014年的第四季度（比常规时间提前了一年），沃尔玛预计其全球电子商务销售额可达到130亿美元[1]。在那一年，亚马逊的销售额略低于700

---

[1] 沃尔玛2014财年第四季度财报电话会议。http://s2.q4cdn.com/056532643/files/doc_financials/2013/q4/FY14Q4finalmanagementscript.pdf。

亿美元（高于美国电商前 10 名中其他公司的销售总和）[1]。此后，沃尔玛始终只公布其全球电商销售的增长数据，2014 年为 22%，2015 年为 12%，2016 年为 15.5%[2]。这让我们可以估算出其在 2016 年的全球交易额为 200 亿美元，约占了美国 4 780 亿美元整体交易额的 4.4%[3]。考虑到在 2016 年美国所有零售额中有 10% 是在线上完成的，与这一基准相比，沃尔玛的成绩并不太引人注目。在相同的年份里，亚马逊的增长率分别是 20%、20% 和 27%。

这对沃尔玛来说无疑是尴尬的。于是，在 2016 年夏天，沃尔玛去市场上收购电商，增强数字领导力——收购了 Jet.com，一家高知名度的零售数字初创公司。这笔交易成为大新闻，部分原因是因为收购价格：这家年销售额仅有 10 亿美元的公司被沃尔玛以 33 亿美元的价格收购。沃尔玛显然是按照"新经济"的规则在玩。

在交易结束 18 个月后，情况如何呢？当然，关于这次兼并的战略影响多年来还未有定论。然而，该交易在短期内是否产生了明显的收益？遗憾的是，沃尔玛的公司报告对电子商

---

[1] http://mashable.com/2014/05/08/amazon-sales-chart/#5iN32Yjg0iqs.
[2] 沃尔玛各年的第四季度财报电话会议。
[3] https://www.statista.com/statistics/183399/walmarts-net-sales-worldwide-since-2006/.

务在其销售额或利润中的占比着墨很少,沃尔玛使用了"电子商务影响"这个有点非传统的术语,既包含了线上购买,又包含了顾客在网上发现某样产品,但最后实际上在实体店购买的该产品的购买量①。这个指标看起来有点可疑,好像是为了提高企业的数字化程度而发明的。即使在报告内采用了这种方法计算,截至 2017 年第二季度,沃尔玛门店和山姆会员商店(Sam's Club)的电子商务影响都在 1% 以下,不过这一结果并不包括 Jet.com 的销售额②。这些数字实现了同比增长,然而与 2016 年美国所有零售额中 10% 是通过网络完成的基准相比,这一成绩似乎并不太理想。

那么,我们是否应该说,沃尔玛的这次收购是一个重大的进步,但却不是一个突破?或许问题在于期望值过高,当一笔交易是用 33 亿美元换取 10 亿美元的营业额时,人们对这笔交易会有过高的期望是可以理解的。那些同情沃尔玛的人可能会指出,一年时间是为公司快速发展打下坚实基础的最短时间;而那些不同情的人则会说,沃尔玛在奠定数字化发展的基础这一方面似乎已经花费大概 15 年了。但在这个过程中,沃尔玛的电商平台销售额越来越落后于亚马逊公司。沃尔玛是时候开

---

① 沃尔玛季度业绩报告。
② 自交易日起 12 个月后,公司才能算上被收购企业的业绩。

始实现跨越式发展了，不是吗？

实质性的增长发生在 2018 年，电商的销售额增长了 40%。这一年沃尔玛在美国线上市场的份额扩大了一倍，增加到了 4%，同年亚马逊的所占份额为 48%。显然，要缩小差距，沃尔玛还要非常努力。况且，市场份额的猛增依靠的是巨大的财政损失，2019 年夏季线上部门的损失就达数十亿美元。正如我们后面所看到的，这在数字经济世界里是一种正常现象。即使沃尔玛在财政上可以允许这样的亏损，这种亏损也要求沃尔玛在思维方式上要作出实质性转变。

到现在，游戏规则已经发生了变化，亚马逊大规模进入实体经济领域，实现了长久以来的梦想。2012 年，当被问及进军实体店的问题时，亚马逊的首席执行官杰夫·贝佐斯（Jeff Bezos）说："我们很愿意这样做，但前提是我们要有真正差异化的想法。"[①] 亚马逊收购全食超市以后，贝佐斯很可能找到了他要找的想法。亚马逊早在 21 世纪初就成为零售业新管理方式的标杆，而且与亚马逊文化的融合似乎并不是这次收购交易双方的主要顾虑。最大的问题是，在过去一年中，全食超市的同店销售呈下降趋势，而亚马逊管理层是否可以找到促进全食超市实体连锁店发展的方法？

---

① http://www.businessinsider.com/amazon-jeff-bezos-stores-2012-11.

因此，2017年两家零售业巨头之间的遭遇战开始了。沃尔玛和亚马逊都已经离开了自己的舒适区，迎接这个之前它们只是谨慎探索过的世界所带来的挑战。虽然现在判断亚马逊的收购交易将如何发展还为时尚早，但我们已经看到了明确的方向。在正式拥有全食超市的第一天，亚马逊已经平均降价43%。我们已经预料到亚马逊会做出类似的举动。作为力求挑战管理科学时代的数字行业领导者，亚马逊的口号是"质更优、价更廉"。在相当多的时候，他们都能兑现这一承诺。

沃尔玛在自己的主场上受到了攻击。在数字战线上，人们或许曾期待沃尔玛会强势崛起，但是沃尔玛却没有做到这一点。这是因为其管理上的失误吗？在我们看来完全不是的，沃尔玛公司的管理层正在做着其力所能及的努力，甚至还做了更多的工作。沃尔玛正在打一场艰苦的仗，自从数字化转型到来

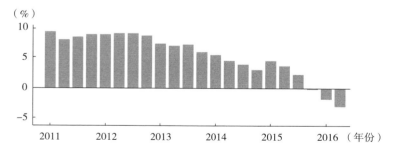

数据来源：Company fillngs。

图1.2　2011—2016年全食超市同店销售趋势

以后，还没有公司打赢过这场仗。

2017年夏天，人们深刻地认识到了数字化转型的本质：它的重点无关技术，而是与公司的整个运营有关。技术只是许多新商业模式的助推器。长期以来，这一认知指导着那些在新经济前沿运作的独角兽企业。现在，这一认知越来越多地渗透到大型传统企业的董事会中。然而，明白这个理念和将其付诸行动，这是两件十分不同的事情。

像沃尔玛这样的公司，应该如何行动才能在数字化时代反败为胜，重夺领导地位？它们会遇到哪些挑战、风险以及隐藏的陷阱？在本书接下来的部分里，我们将探讨一个传统大企业如何能转型为数字时代的领导者。

第二节 "独角兽"和"犀牛"

从前，有一头快乐的犀牛，我们可以把它比作一个企业，这是一家高效成功的大型企业，历史悠久。大约是在某世纪中期，这头犀牛找到了自己的"牧场"——一个由大量投资所创造出来的利基市场——有了这片牧场，犀牛以后就能繁荣发展，过上平稳、相对放松的生活。为了保护这片牧场不受竞争者的侵害，犀牛不遗余力。然而，犀牛一点也不介意其他犀牛的存在——前提是其他犀牛在别的地方进食，离这片牧场不太近，也不太远。其实，这是个相当不错的俱乐部，犀牛们优雅竞争，尊重彼此，遵守着一定的规则，并乐于时常相见。后来有一天……

走近独角兽企业

2013年，牛仔风险投资基金（Cowboy Venture Fund）的联合创始人艾琳·李（Aileen Lee）正在寻找一个喻体，用来指代一类特殊公司，即"2003年以后成立，通过私人或公共投资估值超过10亿美元的软件公司"。她知道这类公司可以算得上是珍禽异兽，因此最终提出了将这类公司称为"独角兽"的想法[①]，创造出了2010—2020年最具影响力的商业概念之一。

艾琳·李记得，选择这个词几乎是出于偶然，然而这个隐喻似乎真的很深刻。像出现在中世纪小说中的独角兽一样，数字独角兽也散发着神秘的气息，没有人知道它们是真实的还是虚构的。独角兽野性而凶猛，不容许任何竞争者靠近。独角兽就是这样进入了有成熟玩家和游戏规则的行业，并将其重新洗牌，使其变成了实质上不同的新东西。

---

① 该想法出自一篇名为《欢迎加入独角兽俱乐部：向亿万级初创公司学习》的文章，该文发表在Techcrunch.com上。

哪些公司是2010—2020年的数字独角兽呢？就像许多贴切的比喻一样，人们难以将现实情况进行正式的分类和描述。艾琳·李最初的定义是"软件公司"，然而在她的名单上，大约只有25%的入选公司实际上在开发销售软件，而其他公司经营的市场领域则非常广泛。优步涉足的是交通领域，借贷俱乐部（Lending Club）涉足的是个人金融领域，爱彼迎涉足的是酒店业，等等。这些公司都密集地开展了数字化，当然，像通用电气或花旗集团这样的公司也是如此。同时，世界上还有一些快速成长的公司，它们很难被称为数字公司[①]。那么究竟该如何定义"独角兽"呢？

有人会说，只有初创企业才有资格被称为独角兽企业。然而，什么才是初创企业呢？世界上任何一家企业都是在某一天成立的。阿提哈德航空公司（Etihad Airlines）在脸书（Facebook）原型上线的同一年（2003年）开始了首航。然而，只要有一般商业认知的人都会把两家企业归为不同的类别。

独角兽企业有三个明显的特征，这三个特征都是必不可少的：

[①] 例如，在《财富》杂志公布的市值增长最快的100家公司名单中，Lanett公司排在首位（http://fortune.com/2015/08/19/lannett-fastest-growing-company/）。这家成立于1942年的公司巧妙地利用了仿制药市场的机会窗口，但其经营方式却相当"传统"。

1. 独角兽开辟了一条创造客户价值的新途径,在这一过程中,它们深入地重新思考整个商业模式,而不仅仅是考虑产品,还把用户体验作为工作重点。
2. 独角兽依靠轻资产运营模式,只要有可能,它们会利用现有的资源和基础设施。
3. 独角兽的市场渗透率增长得非常快。

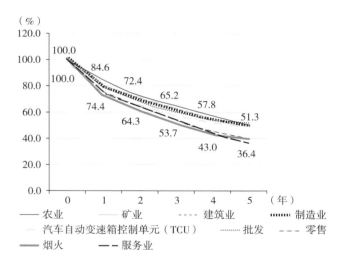

数据来源:根据美国人口调查局《商业活力数据》中的数据绘制。

图 1.3　不同行业初创企业的 5 年存活率

三个特征结合在一起,形成了一个非常奇特的运营环境:独角兽似乎很容易能做出创造(因为我们自己也是客户,我们知道在很多领域,客户没有得到足够价值),有巨大的动力去尝试创业，而且创业门槛很低。从表面上看，这可能会给人留下一种印象，以为独角兽的成功来得快速且轻松——甚至会觉得这些公司凭什么可以获得这种成功。

如果我们继续深入就会发现，这三个特征也带来了前所未有的紧张竞争，在竞争中幸存下来的公司相当少。在艾琳·李的原文中，她估计，0.07%（也就是1 500个中有1个）由风投资助的初创企业能发展成为独角兽。后面我们会看到，这种竞争程度必不可少，它能让达尔文式的适者生存理论在商业方法和模式上快速产生效果，这点是在以前从未有过的。其实决定独角兽能否成功的不是想法，而是其执行想法的质量。

一般来说，创办企业时，其资产越多，生存的概率也就越大。[1]

在运营4年后，超过40%的非数字化初创公司仍然可以保持运营。对比以风投为基础的初创公司的生存率，那些成功变成独角兽的企业只有28%的公司会到第三轮融资（运营时间大约也是同样的4年）。

那么，当你看到一个潜在的独角兽企业（或想创建一个独角兽企业）时，如何能了解它呢？这里有一个简单的清单：

---

[1] https://www.linkedin.com/pulse/20140915223641-170128193-what-are-the-real-small-business-survival-rates.

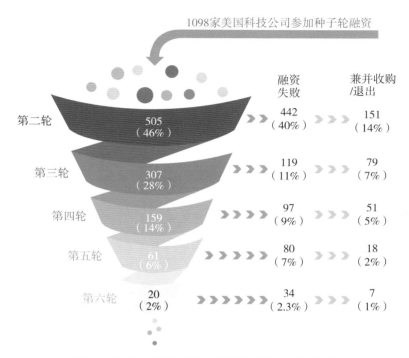

图 1.4 达尔文式的适者生存理论在数字初创公司的世界里全力发挥作用[1]

1. 该公司有没有一种创造客户价值的全新观点?有没有一些前无古人但却能创造出明显的"惊艳效果"的观点?这就像是住在舒适的公寓,而不是无菌的酒店房间;像是坐上了好客司机开着的崭新高档车,而不是坐上了愤世嫉俗、疲惫不堪的出租车司机的车;或者是向一个富

---

① https://www.cbinsights.com/blog/venture-capital-funnel-2/.

有同情心的人借钱，而不是向一间傲慢的银行借钱。我们在这里甚至还可以提供一个更好的案例：一个在市场上尝试过并且失败了的想法。例如，在1997年推出的第一个社交网站SixDegrees.com，该网站在2001年关闭，没有人认为该网站获得了盈利。

2. 公司是不是似乎一夜之间在一个仓库里建立起来？公司的业务运营中是不是没有出现任何"有形"的东西？这其实是一种错觉——在大多数情况下，公司的技术部分比人们想象的要健全和成熟，但管理的重点是客户界面，而不是后台和物流。

3. 公司是否有一些令人叹为观止的增长速度，比如在一段时间内保持了每周两位数的增长率？在数学上，这种增长被称为指数型增长。公司刚创立的时候只有几个用户，到公司运营第一年的年底，就有了200万用户，到第二年年底，就有了2 000万用户，再过365天，就有了2亿用户。至关重要的是，这类增长大部分是有机的，而不是"买来的"，即增长来自人们通过口碑自然而然地了解到公司所提供的服务。

4. 公司是否有真正的规模潜力，因而有一个需要注意的大市场？公司是否有靠炒作引发口碑的可能？

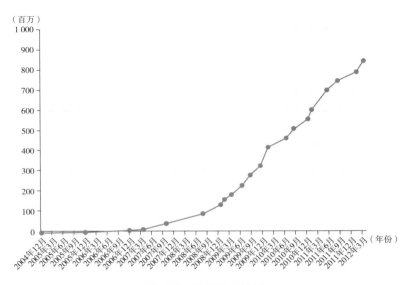

图 1.5 脸书用户增长

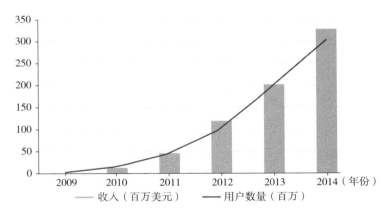

注：图表是由 Finro 金融咨询和分析公司（Finro Financial Consulting and Analysis）根据 CNET（覆盖 IT 行业和数字生活领域的媒体）、《华尔街日报》、Statista（一个综合数据资料库）和 TechCrunch（美国科技类博客）的信息所绘制。

图 1.6 多宝箱（Dropbox）的收入和用户数量增长

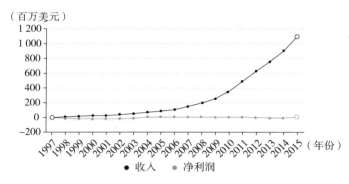

图 1.7 亚马逊 1997—2015 年的收入和净利润增长趋势 ①②③

在本书中，当我们提到独角兽企业时，我们实际上指的是世界上任何一家符合上述描述的公司。这样的公司可以是非上市公司，也可以是上市公司；可以是新成立的公司，也可以是相对成熟的公司。我们甚至会把苹果（成立于 20 世纪 70 年代末）这样的公司纳入这个范畴，因为它仍然能够展示出独角兽企业所特有的三种品质。

不过，技术并不在我们定义独角兽企业的特征之列。高管和媒体几乎把"独角兽"和"高科技公司"当作同义词来使用，这是一个很大的错误。除了给客户提供价值的智能方式，

---

① http: //www.benphoster.com/facebook-user-growth-chart-2004-2010/.
② https: //amigobulls.com/articles/ipo-calendar-2015-edition-hottest-upcoming-ipos-2015.
③ http: //www.fresheconomicthinking.com/2016/.

独角兽企业很少有其他发明。一旦这类企业变得成熟起来，它们可能会在研发上投入资金，但拥有某种"发明"对于独角兽企业的起步而言，并非必不可少的。在大多数情况下，如果你深入分析独角兽企业成功的原因，你更有可能发现一些老派的商业价值观，比如参与项目的每个员工意志坚强、工作努力且认真积极，而不是找到员工在健全的研究和技术实验中度过漫漫长夜后，突然有了发明的故事。

有些独角兽企业甚至似乎都不需要花哨的技术——以WeWork（总部位于美国纽约的众创空间）为例。他们基于科技初创公司由于公司快速发展需要在多个地点现场雇人的需求，建立了一个按需办公空间的帝国。满足这个需求，并不需要对技术有多少理解。不过却需要有很强的重塑商业模式的直觉，比如将订阅的理念应用到百年历史的租赁业务中。我们认为，优步所用到的技术也并不复杂，因为给租车市场提供技术支持的竞争十分激烈。

我们在给"独角兽"下定义的时候想要将快速增长中的企业同已经成长起来的企业区别开来。快速增长中的企业是年轻的企业，也是这种增长让年轻区别于成熟。在"犀牛"处于鼎盛时期的时候，"独角兽"是一股新鲜的血液。增长要求要快速地学习和适应。大自然很清楚某种机体在增长阶段的完整变化：毛虫化成茧，然后变成蝴蝶；蝌蚪变成青蛙。同样的事情也经常发生在世界各大数字企业之中,我们还会回到它们商业模式的"转变"这个话题上来。

一个年增长 50% 以上的公司,不可能一成不变。想象一下,有这么一个公司,按照上述所说的轨道发展:从最开始的几个用户到几年之后的上亿用户。这已经不是原来那个公司了,它已经脱胎换骨。

总之,在我们的概念里,"独角兽"是年轻的体现。与"独角兽"不同的是,"犀牛"是稳定的,它不会增长,所以无论它内部怎么改变,都一直是成熟的企业。一个企业可以既是成熟的,又是成长中的(年轻的)吗?一个成熟企业的数字化转型中的关键问题就是如何应对这种两难的处境。一个组织能否永远年轻,永远处于快速增长的状态呢?一个组织能否从成熟的状态转为年轻,也就是说,能否在某个时刻变成一个快速增长型的企业呢?

我们对这些问题的回答是:可以。也许,商业世界跟生动的自然界是不一样的,童话当中永远的(至少是长久的)年轻在商业世界是有可能的。不过,保证这种年轻的不是有特效的灵丹妙药,而是严谨的内部工作。

站在客户的角度上思考问题、将投资集中在客户界面上,并以指数型方式增长,同时拥有这三个特点的公司可能也不违反常理,但这种组合能挣钱吗?怀疑论者喜欢把这些独角兽企业称为"泡沫",因为这些企业已经证明了经济学上的一个观点：永远不能保证独角兽企业的成功指标能有效地转化为现金流。事实上，不少初创企业恰恰是除了获得消费者的同情之外，赚不到其他有形物质。考虑到这些风险——倾注在独角兽企业上的融资额度，是不是大大地超出了正常比例？

在我们回答这个问题之前，让我们先来看看另一种选择。什么样的公司会被认为是经济上可靠的公司？

走近犀牛企业

现代数字独角兽企业的对立面、竞争对手和猎物是哪些企业？不是那些效率低下、增速缓慢、行动笨拙的公司，不管是什么原因让这种企业至今还得以存在，它们都是恐龙，会自然而然地灭绝，几乎没有任何办法可以让其避免灭亡。

还有一类更大的企业，这种企业不仅规模大，而且取得了真正的成功。它们拥有卓越的运营力、强大的供应链、积极的员工和忠诚的客户——所有这些结合在一起，产生了高额的运营利润，每年都在增长。这并不是我们之前所说的指数型增长——是总体上只有一位数的增长——但会涉及巨额资金。我们把这些公司称为"犀牛"企业。

犀牛企业这种强大的企业，是现代经济的中坚力量，这不是凭空得来的地位。犀牛企业是依靠最有效的战略演化发展而来的商业机构。这就是企业所做的事情，也是它们所擅长的事情：它们收集巨额资金，并将其投入基础设施资产的开发中——那些能够产生虽然缓慢但却十分长期的回报的资产。这些资产使现代世界成为我们所知道的现代世界。从某种意义上说，这一切都始于人类找到了一种方法来建造一些巨大而昂贵的东西，而修建这些东西的原因，不是出于虔诚或政府的压制——比如埃及的金字塔或中世纪欧洲的大教堂。

战略这一概念已经渗透到我们的思维中，以至于我们很少有人知道它在历史上其实是一个很新的概念。人类有能力塑造未来事件——并据此规划当今的资源分配——在19世纪以前，即使是最杰出的领导人，也不会自然而然地拥有这种思维。有一些人物——如法国的红衣主教黎塞留，因《三个火枪手》（*Three Musketeers*）这一小说而闻名于世——在同时代人中取得了近乎神一样的地位，因为他们有能力规划行动，好像他们可以预知未来，有这种能力的人绝对会被视为超人。

在经济和商业领域，19世纪初亚当·斯密（Adam Smith）或大卫·李嘉图（David Ricardo）的经典思想宣传了市场的力量与物理的力量一样强大的理念。塑造未来的市场与塑造行星的运动一样缥缈，人们只能调整公司的行为，以适应强力因素的发展。

然而，商业现实变得更加复杂。随着蒸汽机车和船舶等现代交通工具的出现，需要修建铁路、航道和深海港口，因此也出现了新型企业。这些企业不仅成本高，而且对路径有依赖性。比如说，一旦你把业务押在一条铁路路线上，你就不可能再选择其他方向。你的成功取决于你的预测能力，并通过创造一定的新价值来支持你的预测，这将使得客户更喜欢你的企业，而不喜欢你的竞争对手，随之而来的是"滚雪球效应"：你拥有的客户越多，就越有利于吸引新客户，这就是我们现在所说的经营策略。有趣的是这个理念渗透实践的速度很快，但在理论上获得学者认可的速度却很慢。直到20世纪60—70年代，经济学家们才接受了这一观点，并将其写入自己的著作之中，如约翰·K.加尔布雷思［John K. Galbraith——特别是其《新工业国》(*The New Industrial State*) 一书］和艾尔弗雷德·钱德勒［Alfred Chandler——他的畅销书《看得见的手》(*The Visible Hand*)，是针对亚当·斯密提出的市场理论而提出的一个一语双关的概念］。

是什么造就了犀牛企业？犀牛企业以战略为生，而且是一个长期的、精心设计的战略，还要对战略实施的进展情况进行密切监测。战略是通过发展来实施的：从人力资源到市场再到产品，一切都应该处于一个渐进和不断改进的过程中。另一个大的元素是控制力，犀牛企业乐于投资一切，这样可以从上到下更紧密地把握行动的方向。现在，犀牛企业终于喜欢上了资产：一些大而美的东西，比如长长的、闪闪发光的铁轨或宏伟的工厂，这些资产在会计账簿上十分突出，给战略打下了坚实的"基础"。

这一套理念有什么问题吗？不，并没有什么问题。让我们回到犀牛企业出现的原因：现代经济学需要某种类型的组织，从股东、随后又从客户那里收集来巨额资金，并将其投入基础设施密集型产业中，在非战略思维下很难完成这一使命。

然而问题在于，正是这一套理念为企业提供了多层次的等级制度，拖慢了决策速度，以及最可怜的是，会在一定程度上忽视现实生活中的客户。犀牛企业的建立历来不是为了关注眼前的客户价值。它们从投资机会出发，然后为自己的产品寻找"市场"。这种方法在20世纪的"犀牛俱乐部"内行之有效。然而，进入独角兽时代后，整个概念开始崩塌。尽管犀牛企业拥有强大的实力和丰富的经验，但在独角兽进入其市场的情况下，犀牛似乎并不具备很强的竞争力。

案例1.1　火车头的故事证明了战略基础设施这一概念开始进入经济领域

在19世纪初，可运行的蒸汽火车头问世，但它们并没有像人们想象的那样迅速进入市场，原因在于，蒸汽火车头只能在相对平稳笔直的道路上行驶，在急转弯和上坡时，车速几乎会降到零。然而，在地球上，只有极少的地方可以轻易地修建出一条笔直平稳的道路，在英国是绝对不行的。于是，经典的"先有鸡还是先有蛋"的问题出现了——在现代商业中，这叫"基础设施与应用程序"。

新的应用程序要想获得用户，就需要有完善的基础设施——否则无论是在质量方面，还是在价格方面，用户都无法获得真正的价值。然而基础设施的发展要想得到资金支持，又需要有足够多的用户。这个难题制约着电、内燃机、电话等的使用与普及。有时，在基础设施投资方面缺乏大胆的远见，会阻碍整个国家的发展——如20世纪初的俄罗斯，同一些发达的经济体相比，俄罗斯在大规模发电方面落后了几十年。然而，一些对基础设施的过度投资也可能导致灾难性的损失，例如21世纪初的铱星电话项目。

在铁路史上，英国在1833年启动了英国大西部铁路线项目，由I.K.布鲁耐尔（I. K. Brunel）担任技术指导，在伦敦和布里斯托尔之间修建了第一条现代化的城际路线，证明了大规模的投资也可以获得有吸引力的回报。著名的"飞翔的荷兰人"号列车从伦敦开到布里斯托尔，全程150公里，只需5个多小时——同样的行程在过去需要花费几天时间。此后，周末度假这一全新的产业在英国西海岸得以创建。世界范围内也掀起了一阵"铁路热",彻底改变了物流的方式。

案例1.2　零售简史：资产的逐渐升值

在今天的大多数经济体中,我们经常在先进的零售模式中购物,例如超市、大卖场、购物中心和越来越多的线上商店等,我们很少想到这些零售模式是大规模工业运作的一部分。跳出零售这个圈子,很少有人能理解这一进程的规模。给你一个小提示：仅仅是一个小产品的包装盒形状的改进,一年下来就为美国的沃尔玛节省了整整36 000辆卡车的运输量。现在把这个数字再乘以几十万、几百万甚至上千万件商品,这些商品再由世界主要零售商在全球范围内经营、交付、储存、加工、处理,你就会感受到现代零售业的庞大。

零售业的发展很大程度上类似于现代消费经济。消费者需要获得尽可能多的商品,生产商需要有多元销售渠道,这就使得零售业处于经济生活的核心地位,但也处于一个具有挑战性的位置,因为零售业必须从两个方面打造竞争优势。零售业一方面要吸引顾客,而顾客通常希望商品价格低,另一方面也需要对生产商有利，而生产商寻求的是尽可能高的利润。缓和冲突的唯一办法是以量取胜：要有种类繁多的商品供客户选择，使顾客更加重视商品，而不是纯粹地追求低价，同时大量出售的商品也使得生产商有动力降低商品的供货价格。

这就带来了经营上的挑战：开足够的销售点以扩大客户群，并每天向他们运送大量的产品，但这本身就很昂贵。通常情况下，这种运行模式需要积累基础设施资产，如商店、仓库、运输车队，以及如今能够协调流程的可靠互联网技术系统。在这里，"基础设施和应用程序"这一两难处境被体现得淋漓尽致。直到最近，只有最发达的经济体才有足够的资源来创建真正有效运营的零售连锁店。不太富裕的国家会被中东集市这样的系统所困住，这些系统销售的产品太少，价格太高[①]。这些集市对来访的游客来说可能意味着诗情画意，但在为本地人创造经济价值方面，这些集市肯定是落后的。

现代零售业发生过不少革命，遵循的都是扩大销量的逻辑。首先，零售连锁店和销售非食品商品的百货商店已经出现。然后，出现了折扣力度超大的大型超级市场，集中在大型的购物广场之内。商业中的每一任冠军都在进化中被快速地淘汰，尤

---

① 发展中国家的街头市场上的商品价格对于国际游客来说可能显得很低，但在同样的经济体内，其价格却总是远远高于通过运用现代零售方法和借此获得生产规模经济后所能达到的商品价格水平。

其是在美国这样竞争更激烈的市场中。达尔文的物竟天择意味着只有适者才能生存，而适者中最强的曾经是沃尔玛，沃尔玛把零售业的经营效益带到了现实世界可能达到的极限。

随着数字技术的发展，一切都被打破了，虚拟交易平台就此诞生。它们将最昂贵的资产之一——实体店，从盈利公式中剔除，在提高线上供货量这一方面，几乎没有限制。后台物流的地理环境也可以得到优化：你不需要把卡车开到成百上千个终端。于是，一个新的进化分支出现了，即网络零售商。它们将销售的商品数量扩大了两个数量级。这为营业额带来了新的规模，使价格变得更加优惠，吸引了更多的客户（而这又让价格变得更加优惠），形成了滚雪球般的效应。

第三节　独角兽企业能做的事情，犀牛企业无法做到

当一家旨在为客户提供价值的公司与一家旨在有效管理复杂资产的公司展开竞争时，会发生什么事情？把这两种公司的报价同时对比来看，要做出的选择听起来就像"你是喜欢5分钱的大糖果棒还是10分钱的小糖果棒"，这不是一个很难的选择，所以毫不意外的是，在100个案例中的消费者，几乎都喜

欢前者。

颠覆性创新已经存在了一段时间，克莱顿·克里斯坦森（Clayton Christensen）在其 1997 年的重要著作《创新者的窘境》（*Innovator's Dilemma*）中对颠覆性创新进行了全面描述。颠覆性创新的主要特征是在一个重要的质量维度上，实现实质性的折中。以克里斯坦森书中的例子为例，当气动挖掘机刚面世的时候，它们只适用于狭窄的沟槽。当小型钢厂进入钢铁市场时，它们只能为混凝土提供钢筋。那些颠覆性的创新总是从市场的边缘开始，出现在那些对现有玩家没有吸引力的细分市场中。这些创新往往花了几十年的时间才成为行业主流的一支重要力量，而在出现之初，它们都在客户价值这一方面做出了妥协。

"数字颠覆性"的情况并非如此。亚马逊以比世界上大多数书店更优惠的价格提供了更多的书籍选择，在线支付并等待几天才能收到货可以算作一种干扰，但很难将其看作重大干扰。像爱彼迎或优步这样的市场平台则又更进了一步，非常接近我之前提到的糖果比喻：比起枯燥且昂贵的酒店，你会不会更喜欢租舒适且便宜的公寓？由于不存在折中妥协，独角兽企业不会在外围市场浪费时间。他们直击主流客户，往往是最赚钱的客户，比如旅游经验丰富的游客、常常坐出租车的用户或热爱读书的读者。

为什么独角兽企业能做到这一点,而犀牛企业却做不到呢?商业不仅是为客户提供无穷的价值,也要为自己赚取利润。如果你付出的成本太多,就会破坏公司的经济效益,最后导致公司破产。

虽然不太常规,但事实是,独角兽企业确实有扎实的经济实力,至少大部分是这样。它们也有犯错和管理不善的时候,但总体而言,电子商务至今已经有20多年的历史,一些参与者已经证明了其财务的可持续性。不过它们的运营结构中的确有一些了不起的东西。他们想方设法解决了难以解决的困境——也可认为是早期著名创新理论家根里奇·阿奇舒勒(Genrich Altshuller)[1]所说的"关键矛盾"。在任何商业模式的发展过程中,都会出现一个时间点,在这个时间点上,如果不能通过改进该商业模式的一部分,把这一模式发展得更好,就等于急剧恶化了它的另一部分。商业中最重要的矛盾恰恰是关于顾客价值和利润的:如果你为顾客提供更多的服务,你的经济就会承受不了;如果你为自己留下足够多的钱,你的顾客就会明显地对你感到不满意,进而离开你。

这个关键矛盾在零售业中表现得非常明显。顾客需要的基本上是无尽的选择和无限优惠的价格。从技术上讲,这本身就

---

[1] https://en.wikipedia.org/wiki/Genrich_Altshuller.

是一个矛盾：选择大规模经营是昂贵的。你需要更多的货架空间、更多的仓库、更多的卡车和更多的服务人员，从某一个时间点开始，复杂性会急剧上升。而在另一方面，这种复杂性的回报也在迅速减少。在大多数情况下，大部分客户使用的产品种类是相当有限的，虽然有一些资深玩家总是去寻找有异国情调的东西，但他们在人群中所占的比例，在统计学上可以忽略不计。当然，如果你想建立完美的客户服务，你应该把他们考虑进去，但你的经济效益会一落千丈。这里有一个关键的矛盾：为了给客户带来巨大的价值，你应该拓宽提供的产品种类，但拓宽产品种类要么会导致价格上涨（扼杀大部分客户的客户价值），要么会导致运营成本高到无法承受。

现在我们迎来了独角兽企业——亚马逊。它从关键矛盾最明显的细分市场开始：书籍和唱片。这些东西的存储和展示都很昂贵，你需要有工作人员将其按复杂的秩序保持排列——按类型、按作者——否则消费者将面临一个无法搜索到想要的商品的混乱局面。除此以外，大多数顾客几乎只会买热销书或热门单曲榜上的唱片。不过，还是有一小部分的内行买家，他们的购买欲几乎无法满足，口味很难预测，对他们来说，选择永远是不够的。这些人是最有价值的顾客，他们在书籍和唱片上的花费往往是普通购物者的 10 倍。他们对价格并不太敏感，但如果他们对库存中能提供的选择不感兴趣，他们很容易就会到其他地方去购物,然后许多普通的购物者也会跟着他们去那个地方购物。

亚马逊解决了这一矛盾。对于大众市场,亚马逊提供了非常有吸引力的价格。对于书呆子而言,亚马逊提供了几乎无限的选择——而且有完美的搜索服务。亚马逊甚至提供了能搜索到更多书的工具——"推荐"和"同行选择"。在后端,亚马逊消除了一个关键的成本因素,即书店。书店实际上是一个非常无效的展厅,亚马逊把展厅放到了网上,提供了一个供全世界使用的展厅,把对各种选择的复杂处理集中在一个仓库里,在仓库这一点上进行无休止的优化。通过这种方式,亚马逊解决了"矛盾",既保证了价值等式的两边(价格和选择),又为自己保留了足够的利润①。

案例 1.3 根里奇·阿奇舒勒

如果不是因为东西方之间的铁幕,根里奇·阿奇舒勒会被

---

① 众所周知,亚马逊以没有多少净利润而闻名。我们稍后会详细探讨这个问题,现在我们只想说,这是一个有意识的战略选择的结果,而不是处理不好经济问题的结果。

列为最著名的商业创新理论家之一。他以明确关键技术矛盾并找到消除矛盾的方法为中心，形成了一套强大的发明家式的解决任务理论（俄文缩写为 TRIZ，在中国又译为"萃智"或者"萃思"理论）。

在 20 世纪 40 年代末，阿奇舒勒还在上中学，在一场旨在解决消防员特殊装备的竞赛中，他为创造一种可以让消防员在明火中心停留近 1 个小时的装备提供了思路，因而获奖。当时的难点在于，冷却剂和呼吸用的氧气加在一起的重量让消防员在体力上无法承受。年轻的阿奇舒勒灵机一动：液态氧本身就是冷却剂（在 –183℃时），何不就让它在盔甲中循环，蒸发时就能为消防员的呼吸提供氧气。阿奇舒勒在解决这个问题的过程中，发展出了一套理论，他声称这套理论对各类技术任务都是通用的。他敢于向约瑟夫·斯大林请愿，提出这一理论，然而却被逮捕，送进古拉格监狱待了 8 年。他的思维方式与苏联官方组织经济的方法彻底背离。在 20 世纪 60 年代，赫鲁晓夫时期，阿奇舒勒出版了几本书，以一种非常令人信服和实用的方式发展了他的理论。如果这些书当时能在西方出版，它们很可能会对技术创新和商业创新的理解产生实质性的影响，阿奇舒勒的地位会不亚于《横向思维》（*Lateral Thinking*）的作者爱德华·德·波诺（Edward de Bono）等公认的专家。在全球范围内，TRIZ 理论的追随者学派正在不断壮大，但其知名度还有更大的提升空间。

想一想其他的独角兽企业——你会发现同样的模式解决了行业限制为客户创造价值的关键矛盾。建造和运营酒店是复杂且昂贵的，最好通过标准化来管理——但人们在旅行时最看重的是那种难以琢磨的、像家一样的舒适感。如果你像爱彼迎一样解决了这一矛盾，你很快就会成为世界上最大的酒店经营者。开出租车是个累人的工作——也不是一个很有成就感的工作，你需要把车"开到世界的尽头"，才能有稳健的经济效益，但顾客想要的是友好的司机和光鲜的新车，所以他们选择了优步。一个做小生意的老板每天只需要吸引几十名顾客，就能有收益，但规模化广告是最划算的，小小的分类广告在当地报纸上也不会被人注意到——谷歌广告关键字（Google AdWords）才是小微企业的真正福地。

困境是无法被逐个击破的，我们需要重塑整个事物，而这正是独角兽企业所做的。它们不仅争夺终端市场，还重新调整了整个价值链——为每一个参与者提供更高水平的服务。这一部分通常被经典竞争理论所忽略，经典竞争理论通常假设一个经济上成功的公司将对员工、供应商、投资者和所有其他可能持有股份的人有足够的吸引力，毕竟人们做生意就是为了钱，否则还有什么呢？能从消费者那里拿到钱的人，就有能力沿着供应商的"价值链"进行反向购买。

独角兽遵循的是一种倒置的逻辑：首先，你要把"价值链"完美地整合起来，然后你要向客户提出他无法拒绝的产品。这个概念被称为"最小可行产品"（MVP，Minimum Viable Product）：在产品开发的每一个阶段，你都要给客户和其他利益相关者（包括供应商）提供尽可能多的价值。对于供应商而言，独角兽企业承诺开辟新的视野，要求供应商在生产和物流方面对新思维持开放态度，做到这一点，供应商本身就能有更大的经济收益。

图 1.8　犀牛与独角兽的发展模式

犀牛企业以资产为导向的方式往往导致客户只获得"部分价值"。独角兽企业从一开始就设计他们的业务，为客户提供完整的最终价值。

这种重新调整取得了成功——独角兽企业战胜了发展了几十年的供应链——这表明，在现实生活中，人们做生意并不只是为了钱，至少不只是为了赚快钱。我们的经济行为背后有更大的追求：雄心壮志、归属感、自我娱乐等。独角兽企业在非物质领域的竞争中，已经完善了竞争的艺术，它们很酷、令人神往、令人敬佩。

这也是犀牛企业最弱的一点：它们太踏实，忙于经营企业——其实也很沉闷。在 20 世纪的商业环境中，沉闷是没有错的。然而，在史蒂夫·乔布斯、杰夫·贝佐斯或马云的时代，这就变成了一个非常严重的障碍。这一范畴远远超出了领导力这一领域，是关于探索经济中所有非货币动机的力量。

这对市场的影响具有真正的颠覆性——不仅意味着结构性的变化，还意味着财务损失。最近的研究表明，数字化转型的出现——独角兽竞争的结果——会使一个细分市场的价值下降高达 30%。这种下降对犀牛企业的打击很大，它们发现自己的商业模式分崩离析：无法支付维护资产的高额固定成本。相比之下，独角兽的商业模式是轻资产的，因此固定成本较低。由此可见，独角兽企业和犀牛企业的竞争基础不同。

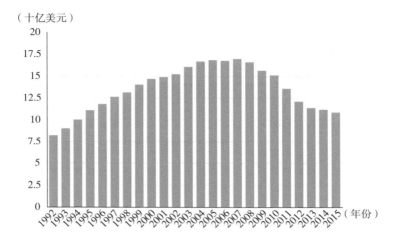

数据来源：https://www.statista.com/statistics/197710/annual-book-store-sales-in-the-us-since-1992/.

图 1.9　美国 1992—2015 年的书店销量

数字化转型对市场价值的中期影响。从长远来看，那些设法生存下来的企业的盈利能力将会恢复。消费者显然是受益者，他们以较低的成本获得更好的质量。

第四节　独角兽企业 VS 犀牛企业：一场不公平的竞争

现在有一扇机会之窗（大约在 20 年前已打开，现在可能已经开始关闭），可以解决一些现今的犀牛企业无法破解、深感困扰的行业困境。该窗口的出现得益于社会发展和必要的技术推动因素。

关于技术的部分，包括移动互联网、数据处理等[①]，我们都听过很多。社会的变化通常不是那么明显。最有远见的学者在 20 世纪 70 年代初开始感觉到社会上出现了一些新事物。马克·格兰诺维特（Mark Grannovetter）在 1973 年发表了一篇文章[②]，分析了人类网络和网络中的联系，被许多人称为 20 世纪后半部分社会学最重要的一篇文章。格兰诺维特提出了"弱连接"的概念——存在于那些以某种方式相互认识，但并非真正亲密的人之间的联系，他还指出这些弱连接在推动经济和社会发展方面比强连接要重要得多。弱连接数量多，促进了网络的多样性，强连接不仅数量少，而且大多存在于非常相似的人之间。当我们想拓展客户网络、找到工作或招聘空缺职位时，我们在很大程度上要依靠"弱连接"，使我们的搜索范围尽可能地拓宽。现代数字社交网络利用互联网和智能手机的技术，建立和维护了这些重要的连接。

在 10 年后的 1982 年，约翰·奈斯比特（John Naisbitt）

---

① 高德纳咨询公司（Gartner research company）在 2012 年首次提出的所谓"数字力量的纽带"。https://www.gartner.com/newsroom/id/2097215.

② ［美］马克·格兰诺维特. 弱连接的力量［J］. 美国社会学杂志，1973（78）：1360-1380.

写道,未来社会将是"网络化的"社会①。在那个时候,世界上只有为数不多的人会认为"网络"和"电脑"之间存在关系。他并不是要设想一个脸书或照片墙的出现,他看到了一个深刻的社会趋势:人们更倾向于信任彼此,社会变得"扁平化",努力实现横向连接。在前互联网时代,很难建立和维持这些连接,"邓巴数字"曾经估计平均每一个普通人的同侪不会超过150人。这就是新技术所带来的冲击:现在,美国一个脸书用户平均拥有约600个好友,对于"千禧一代"而言,这个数字飙升到1 000多个。

千禧时代带来了什么?

不仅技术在改变,人也在改变,很难说未来会发生什么。一方面,人们研究技术,而技术也在改变着人们。另一方面,人们也经常将社会的变化用技术的方式呈现。所以技术发展的加快,使得新一代人要比之前的一代人走得更远。100年前的孩子和父母差不多都是同一个技术时代的产物,但我们的孩子们将来会生活在一个完全不同于现在的世界。相较于我们和父辈的区别,这些变化会更加戏剧化。我们生活在一个人工智能和"人脑—电脑"机制下交流的时代,思想甚至比人的反应更早地进入网络。我们孩子那一代人的世界很有可能会是一个有

---

① [美]约翰·奈斯比特.超级趋势:改变我们生活的十个新方向[M].中国香港:华纳书局,1982.

着用之不竭的可再生能源的世界，但是最戏剧性的变化可能会发生在遗传学和生物学领域。30—50年以后，技术可以治愈所有疾病，可以暂停衰老，甚至返老还童，创造出超人，也许，还能让人永生。

无法想象这一切会对我们的意识产生怎样的影响，想必，意识本身也会有很大的转变——人会融合到网络当中。对商业、对经济、对个人、对整个社会又会产生怎样的影响呢？没有人能够回答这些问题。

但很显然，现在的小孩子已经不像我们那时一样了，他们是新的另一代人，人们要很认真地研究他们，迎合他们的期望。我们的孩子们会加入几百人能同时在线的语音聊天中去，这么多的声音也不影响他们去区分和捕捉自己感兴趣的话题。他们做着数学题，一只耳机里放着音乐，另一只耳机还能听朋友聊天，这一切都不影响他们完成练习题。他们的大脑有着不一样的可塑性，也能得到不一样的锻炼。他们很快就能弄清楚各种工具的用法。

还有就是这一代孩子非常不看重品牌，他们会立刻得出结论，这个产品好还是不好，不会给产品第二次展示的机会。

各个企业都要准备好迎接新一代人的到来，他们可能是未来的员工，也可能是客户。

"数字革命"其实就是"网络革命"或"连接革命"。不仅全球的人有越来越多的机会连接，现在各种各样的设备也加入其中。人类网络和"物联网"融合在一起，产生了"万人万物互联网"。在这个大规模互联的世界里，人们和设备进行各种类型的交易，包括商业交易。

数字技术本身的作用是什么？数字技术让人们可以用极低的成本处理大量的交易。这开辟了全新的市场，那些被传统企业忽视的市场，即"长尾"市场。在大多数市场中，客户的消费金额有很大的不同，分为重度用户和轻度用户，前者数量很少，但通常提供了大部分的销售额①。在传统的商业中，成功的策略是找到选定的一批消费最多的客户，抓住"市场的大头"。当每笔交易的成本很高时，这种策略是最合理的：通过为更有价值的交易提供服务，你可以提高利润率。但也有一个挑战：市场上每个供应商都想得到同样的客户，所以对"大头"的竞争很激烈，重度客户通常很清楚自己的讲价能力。

在销售分布的另一端，则是"长尾"——几千人或几百万

---

① 有一条著名的规律——"20%的顾客带来80%的利润"，这就是通常所说的帕累托法则。意大利伟大经济学家维尔弗雷多·帕累托（Vilfredo Pareto）的确在1906年观察到，20%的意大利家庭拥有全国80%的土地。然而他所提出的收入可能存在的分配法则却不仅仅停留在这一层面，而是更加复杂。其实不同市场的消费集中程度差别很大。有的市场很平均，分配比可以达到2∶3，有的超级集中，特别是在净利润方面。在有的市场，仅仅百分之几的客户就占了近90%的利润。

人或上亿人,他们对特定产品的消费很少。这些人加起来可能代表着可观的数量,但在交易成本高企的世界里,为他们服务是一个挑战,有可能你最终会赔钱,而不是赚钱。当数字技术的赋能使得处理每一笔交易的成本降低时,就打开了许多市场的"长尾",从而实现了盈利。考虑一下谷歌的例子,它积累了来自全球数千万小企业的广告预算,并借此成为世界上最大的广告媒体。谷歌的来自传统广告业的竞争者会花费数百万美元,争取宝洁或联合利华等消费营销领域的重量级企业的广告预算,如果成功,它们就会建立庞大且昂贵的专业团队来处理任务。而谷歌却维护着一套自助服务界面系统,使其能够处理价值几十美元的广告预算,并从中盈利。此外,在客户流失风险方面这种模式也更加稳定。全球传统广告行业最大的控股集团 WPP、Interpublic 和 Publicis 从几个大客户那里就能得到交易额近 20% 的利润,失去其中任何一个都将带来严重的经济冲击。而谷歌最大的客户只给它带来了不到 1% 的交易额(尽管它的预算超过 1 000 亿美元),所以失去这个客户对它来说完全没什么。

网络革命的力量在生活中的方方面面都能感受到,它对个人、生活环境和市场都有深刻的影响。利用这股力量,可以使独角兽企业在企业经济的五个关键成本部分(客户获取成本、产品开发成本、运营成本、财务成本和风险成本)取得巨大优势。

纵观工业化的历史，产品的研发和落地是资本最密集的项目过程之一。投资者本应投入大量资金进行产品的设计和建设，然后将其规模化生产。一旦产品投放市场，在产品与市场契合度高的情况下，营销成本（即客户获取成本）或多或少都是固定的，在同类行业中，标准也差不多。

运营成本是花费第二大的项目。几年来，随着薪酬的增加、供应链的日益复杂化以及大公司在全球范围内扩展业务的花费，劳动力和物流成本不断增加，因此必须要保证运营效率，并将其作为第一要务。需要注意的是，很多成本——包括人工、物流、管理——在某一时刻看起来是固定的，但实际上是可变的：它们随着业务的扩张而快速增长，增速往往比扩张带来的利润增长更快。

资本成本通常很高，市面上只有少数公司能够获得相对廉价的资本，这与投资者的风险成本密切相关。这对一个行业的新进者来说几乎是令人望而却步的，产生了强大的障碍，帮助保护了现有犀牛企业的盈利"牧场"。

随着新经济的发展，出现了什么变化？随着大规模的数字化和自动化，运营成本起伏变得平缓，无法进行大幅度的优化。自动化操作使大部分成本真正固定下来：在同样的预算内，一个数字平台最多可以服务于 10 个市场。产品开发和产品与市场的契合度搜索成本变得更低。在 21 世纪的前 10 年，科技行业产品推出的平均时间和花费分别是 3 年和 500 万美元，而今天只需要 1 个月和 5 000 美元。这一令人惊叹的成就得益于设计新产品和做出产品原型的新方法：云环境、新的开发工具、免费的开源组件、API（应用程序编程接口）层、劳动力社区和其他许多新方法。

获得资本的途径，也通过与经营管理权脱钩，基本实现了大众化。争取股东权益是 20 世纪末的一场重要斗争，加强了对公司管理层的问责。安然（Enron）丑闻的爆发可能终结了傲慢的首席惊喜官们从自身利益出发、违背公司长期利益的时代，然而，在最高管理层必须在高度不确定的情况下迅速做出决定的时候，这场斗争也产生了反作用。传统公司的最高管理层变得过于畏首畏尾。从财务上讲，这意味着资本变得非常昂贵，而获得资本的途径又受到许多业务限制的"毒害"。

创投基金制度的发展是一个解决方案。基金给初创企业提供融资作为资本份额而不一定是管理份额。在传统经济当中占有一半以上股份的投资者几乎都想把自己的管理模式用到公司中去，风险投资人则有着更加细致的游戏规则，总的来说他们想最大限度地利用创业者们的精力和知识。当然，随着新的资本注入公司，创始人也会越来越受制于投资者们和代表他们的董事会。据说，只有不到 50% 的创始人能够以 CEO 的身份"活到" D 轮融资（平均在企业的第 4—7 年），他们因为各种原因胜任不了工作，投资者组成的董事会也不再让他们担任管理者的职位。然而业务管理无论如何都不是创投基金的最终目的，他们想的是将最低价的资本投给新的企业。

现在，关键之处越来越多地集中到客户获取成本和留住顾客的成本之争上，留住顾客的成本即传统意义上的营销成本。拥有顾客是一个迅速扩大规模的企业获得成功的关键，犀牛企业在这一点上发展了很多技术，然而独角兽企业往往会借助社交网络的力量打败所有人。这不仅仅是将"社交媒体"作为广告载体，其中还有更深层次的意义，独角兽企业周围的一切都被社交网络化了。

表1.2 犀牛企业和独角兽企业的成本基础差异总结

	犀牛企业	独角兽企业
产品开发成本	成本高，竞争的关键领域	成本低，经常外包出去
客户获取成本	成本差异小，经常外包出去	成本高，竞争的关键领域
运营成本	变动成本所占比例较大	固定成本所占比例较大
资本成本	成本高，小企业的这类成本会更高	所有企业，不论规模，这类成本差异大多都小
风险成本	成本高，小企业的这类成本会更高	所有企业，不论规模，这类成本差异大多都小

以下是独角兽企业如何在经济成本的每个重要组成部分中获得优势的方法。

产品开发和部署的成本——独角兽企业巧妙地雇用了非常有创造力的人，让他们主要从事自己感兴趣的工作。这使得员工的工作时间很长，成功率很高；同时，独角兽企业大部分员工的报酬不是按工作时间分配，而是按所取得的工作成果分配。

客户获取成本和留住客户的成本——通过滚雪球效应，独角兽企业在吸引客户方面实现了规模经济，而对于依靠传统营销手段的犀牛企业来说，无论拥有多少客户，其成本都是固定的。在很多情况下，传统营销中的成本甚至会增加，因为产品需要渗透到一些比较难接触到的群体中，比如高收入、高学历的年轻人群，他们往往会摆脱传统广告的影响。

运营成本——独角兽企业在"重型"基础设施资产上的投资不多，因为这些资产不会立即产生客户价值，因此避免了维护这些资产的高成本。独角兽企业广泛使用自动化技术，使运营成本大部分固定下来，从而能够在市场的"长尾"上开展有效工作。

资本成本——独角兽企业已经发展了整个风险投资行业，风险投资行业在没有即时成本的情况下，向独角兽企业提供资金，以换取股份。管理的诀窍在于，即使所有权被稀释，独角兽企业仍能保持经营控制权，这是通过掌握创始人和关键高层管理者的个人形象来实现的。这种控制权允许维持低/无股息政策——很少有犀牛企业能这么做——这意味着有额外的自由现金流用于运营。一些数字化企业领导者显而易见的自我膨胀实际上是财务管理的工具，而且非常有效。

风险成本——投资者对富有魅力的数字企业领导者的信任程度，超过了对大多数传统企业首席执行官的信任程度，他们不仅接受这些人的个人怪癖，还接受其在战略甚至财务管理上偏离常规的行为。因此，独角兽企业可以玩更激进、更冒险的市场游戏，而不用遵循基本准则和"黄金规则"。

分析表明，那些从经济学角度出发，认为独角兽企业使用了错误方法的言论，是有一定道理的。独角兽企业的做法的确是与众不同。犀牛企业现在面临的问题在于，独角兽企业采用的方法现在变成了正确的方法，只不过不是现有企业常用的那些久经考验的好方法，而推动独角兽企业获得成功的关键，是数字平台。

平台经济学

想象一下你正走在纽约市的第五大道上，你看到了所有知名的商店和流行品牌。现在，一些广告触动了你，你决定去看看店里有什么。你进到店里，发现你最喜欢的品牌生产了一个新产品，你想立即买下来。太棒了，你已经完成了你的购物，你可能会继续往前走，直到有别的东西触动你的购物欲望。

第五大道的市值是多少？这是一个奇怪的问题，你可以把所有在第五大道上销售和做广告的品牌的价值加起来，或者找出某品牌的第五大道门店销售额占该品牌整个销售额的比例，或者取其在第五大道上的营销预算与总预算的比例。然而，第五大道本身是没有价值的。

另一个问题是，第五大道的可扩展性如何？它可能只能容纳一定人数，达到这一数量后，就不能容纳更多的人了（第五大道已经很拥堵了，你不可能愿意看到那里有更多的人），但品牌肯定会希望有更多的人去那里。

每个商店和品牌都是在第五大道上独自交易的。没有人能够跟踪每一个客户，并保存其历史数据，记录每个人在第五大道上花了多少时间，以及他在那里何时、以何种方式购买了什么东西。

现在让我们切换到网络世界。从本质上讲，谷歌、脸书、推特、VK（俄罗斯最大的社交网站）、Yandex（俄罗斯最大的搜索引擎）等平台是数字世界的第五大道。人们来到这些平台主要是为了娱乐和社交兴趣。这些平台销售什么？卖给谁呢？其实，就像纽约的第五大道一样，它们销售的是让客户去入驻自家平台上的商店和品牌的机会。

在这里，数字世界的特殊性创造了强大的优势。物理市场往往会变得拥挤不堪，它们在每个时间单位只能处理一定数量的人，这样才不会让这些人感到不舒服，每一笔交易都要耗费时间，而人们又讨厌等待。最后，对于世界上 99% 的人来说，去第五大道是一趟昂贵且复杂的旅行。

而线上市场的一切都与之不同。线上市场可以无限扩大规模，因为它们永远不会变得过于拥挤，处理交易时不会让其他客户等待，而且人们可以从世界任何地方立即进入线上市场。由于没有物理空间的限制，线上市场可以容纳任何数量的商店，这使得它们对客户更具吸引力。这就为独角兽企业的三个主要特征之一的指数型增长奠定了基础。

当你看一个独角兽企业的发展曲线图时，你总会看到所谓的"曲棍球棒"曲线（或叫"J 形曲线"），这表明，其数量（访问量、下载量、购买量）先是非常缓慢地上升，然后突然开始成倍地增长。缓慢增长的时期可能相当长，事实上，很多独角兽企业在运营一段时间后，看起来也没什么价值。很多时候我们看到的都是"两只大鸟在手 VS 一只小鸟在林"（对西方谚语"一鸟在手胜过二鸟在林"的改写）的故事，这也是当犀牛企业接触到拓展数字化业务的想法时被吓跑的原因。

犀牛企业所忽视的是：任何一家数字化企业不仅仅是在完成客户的业务，还是在积累客户数据。数据就像资产一样，能够完全利用社会的力量去获得客户，走向增长。数据的积累和处理也呈现出指数型。大约每 20 个月人类就能将保存和处理的数据增加一倍，也就是说，最近20个月的时间里积累和储存的数据，就比之前整个人类发展历史中积累的还要多。这会产生什么结果呢？首先，对未来的分析和作出管理决策方面将提升到一个新的质量水平。

总之，欢迎来到这个数据和计算的时代。这个时代里数据就像胶水一样，通过大量数据的积累和处理将整个宇宙联系起来。在这个世界里，只有积累了更多有效数据，并且更快更准确地将这些数据进行处理的人，才能在竞争中获胜。行业的领头羊，如苹果、谷歌、脸书、亚马逊等，在这方面它们有很大的竞争优势：首先，这些公司有自己的规则系统和专家，他们会一直完善这套规则系统；其次，这些公司已经积累了大量的信息和数据，这些信息和数据是关于整个世界的，甚至关乎你我（非常明显"以前是我们在谷歌上找东西，现在是谷歌在我们身上找东西"）。

现实世界中的第五大道是完全不了解行走在这条路上的人的。数字世界的第五大道是一个平台，越来越了解访问这个平台的用户，并且能运用这种了解创造消费价值。迄今为止，"犀牛"在数据竞争上一直在输。首先，它们不得不使用老旧系统，这些系统是为交易提供服务而打造的，而并非为了分析，这些系统中的数据是分散的，分成了几个子体系，有时会过剩，有时会失去时效，还有大量的错误和不准确的地方。这就使得我们不能实时地在数据分析的基础上作出管理决策。

犀牛企业的反应：从拒绝接受到讨价还价

人类在生活中遇到大变化时，总会表现出相同的心理反应模式。我们开始会表现出负面情绪，然后越陷越深。只有当我们的情绪达到某个特定的最低点时，我们才会明白，这个变化比我们更强大并接受这一变化。自此，一种建设性的行为会逐渐出现，我们在新的事物秩序中看到了一些可能性，并最终让自己适应这一秩序。

各种企业也都遵循同样的模式。当面对强大新发展模式的挑战时，它们先是否认，然后是阻碍，接下来是愤怒，只有到最后，它们才会开始接受现实，才会问出正确的问题："我应该怎么做，我怎么应对这一情况？"在与领先的国内和国际公司合作，以及在这些公司内部工作时，我们看到这些阶段反复出现。

这种模式在新数字经济的力量所带来的颠覆上体现得尤为明显。世界上只有为数不多的传统企业真正达到了这一阶段，达到采取建设性行动这一阶段的企业就更少了。当然，我们这里说的不包括独角兽企业，它们天生便是新事物，它们不需要做出改变就能成为现在的样子。当轮到它们做出改变的时候，它们的表现不会比犀牛企业好——正如雅虎或Lycos（一个搜索引擎）等公司的例子。

对公司进行自我诊断是至关重要的，这个过程是痛苦的。承认自己正处于否认阶段是不容易的，其实能承认这一点，就意味着你很可能已经不处于否认阶段了。心理学家深知这样一个悖论：最需要治疗的人，往往最难被说服开始接受治疗，病人的意愿本身就是整个治疗过程中最重要的一步。这一点也适用于企业：当犀牛企业的每个人都在试图说服对方"我们不需要经历这些"的时候，它们总能找到停留在否认和阻碍阶段的理由。

对数字化转型的反应，刚开始就是简单直白的"这与我们无关，我们的行业特别传统、特别实业、特别规范、特别地方化、特别国际化……不会被数字技术所颠覆"。这个论点建立在数字技术的特殊性上。"你能想象亚马逊的业务涉及石油和天然气、航空航天等非常非常重要的领域吗？"这些人忽略的是，数字技术只是改变商业世界的两股力量之一，也是支撑力量，而社交网络作为开展一切事情的方式，其力量变得无所不在。有些东西会停留在实体层面，不会转化成数字产品，但这并不意味着这些东西会被分级处理，而不会在网络上处理。我们现在拥有页岩气，提供私人航空旅行，在互联网上出售空间卫星零件[①]，国家央行接受了加密货币的理念，而加密货币其实

---

① SpaceCube 项目。

否认了中央处理。甚至战争也变得"混合化"——即本质上是网络化的。人类很有可能永远不会让每一个有兴趣的人都去搞原子能发电，但在替代能源和大规模储能时代，人们还需要原子能发电吗？因此，如果你认为你的行业可以免疫，你只是处于否认阶段，试着往前走，进化到其他阶段吧。

你之后将会进入阻碍阶段，你提出的理由会变得更加复杂，这些理由将属于"这不重要"领域："我们已经做了这一切，也没有什么特别的，没有必要为了转型搞得大惊小怪。""凭借我们忠实的客户群，我们可以轻松拥抱所有的技术进步。""我们投资了最先进的数字渠道，最近还收购了该领域的全球顶级公司之一。"在犀牛企业的投资者关系网上，人们能读到很多这样的内容。

今天的每一家犀牛企业都是早期的伟大创新者。沃尔玛在 20 世纪 80 年代的前互联网时代，是世界上第一个使用私人卫星的零售商，这使得它在股票和价格管理方面具有巨大的优势。美国银行在 20 世纪 50 年代率先将计算机用于交易处理。一些工程公司——比如通用电气——在"物联网"一词正式出现之前的几十年，它们的产品就已经装上了数据收集装置。此外，每个犀牛企业在全世界都有数百万甚至是数十亿客户。问题是，这不再是一个强大的竞争优势了，几年前让人刮目相看的技术，现在却成了"沉重"的固定资产，对它们的维护维修增加了企业运营成本。客户突然变得不忠诚，他们不会在质量上做出妥协，而独角兽企业的诀窍就在于让客户不用做出任何取舍。当有机会买到更便宜、质量更好的产品时，有多少正常顾客会以"品牌忠诚度"为由而拒绝呢？

认为犀牛企业可以通过收购和兼并得到任何需要的东西，这也是一种错觉，还是一种危险的错觉。这种做法永远不会像预期的那样快速、轻松地发挥作用，沃尔玛收购 Jet.com 后第一年的交易就表明了这一点。正如亚马逊收购全食超市的例子所证明的那样，犀牛企业的资金不一定更加深厚——它们的钱也来之不易。记住，独角兽企业已经掌握了几乎免费获得资金的方式。

在大多数情况下，当犀牛企业开始并购交易时，它都会与独角兽企业展开激烈的竞争。在这样一笔交易中，一家数字领先企业有很多优势，包括其酷炫的形象和创始人特别鲜明的个性。设身处地为一家初创企业的首席执行官着想，他向员工、供应商、合作伙伴宣布并购的消息："我们现在是亚马逊的子公司了！"（欢呼、雀跃、"太好了！"）对比"我们现在是沃尔玛的子公司了！"（"他们会解雇我们吗？""着装要求是什么？""我将花多少时间向他们解释我的工作？"……）。

"犀牛"也很难留住收购的"独角兽"的客户。在与沃尔玛的交易之后，Bonobos 和 ModCloth 的忠实客户在社交媒体上发布了许多表达厌恶的评论。如果犀牛企业做成了一笔收购兼并，很可能是因为独角兽企业放弃了这笔收购兼并——就像2010年沃尔玛和亚马逊争夺Quidsi（一家母婴用品购物网站）一样①——独角兽企业不会因为突如其来的慷慨之心和绅士风度而拒绝一笔好交易。

依靠客户忠诚度、提升技术预算或展开并购热潮等措施，试图分散性解决系统性问题。除非你开始重新设计解决关键矛盾的整体方案，否则这些措施是行不通的。所以你需要继续理解变革。要生气，要对正在发生的事情感到愤怒，要对热衷于数字化转型的人大吼大叫，比如"我在这个行业里待了好几年，我入行时间比你们上学时间还早，这一行它永远不会向你们的方向转变"。然后，回顾正视自己的错误，这是最痛苦的部分。当（如果）你熬过这一阶段，你就会开始构建正确的东西。于是就有了"我应该怎么做？"这一问题。这个问题的答案很简单：学习，然后根据学习来改变自己。在这个过程中你会发现一些让你不舒服的事情。然而，如果一个企业的目标是在现代世界中进行战略竞争，那么它就别无选择。

---

① 最后是亚马逊收购了Quidsi。——译者注

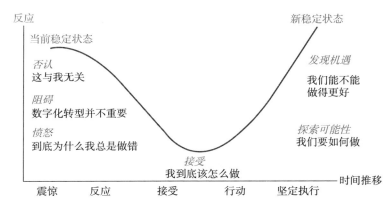

图 1.10　反应流程时间进度

拥抱变化

在商业世界里，你只有保持无限的渺小，才能保持不变。有一些惊人的例子：世界上最古老的公司于约 1500 年前的公元 578 年成立——也就是在 6 世纪[①]。该公司由创始人家族经营，可以说是世界上在位时间最长的。这家名为金刚组株式会社（Kongō Gumi）的公司，其历史比任何现存的现代国家都要悠久。然而即使是这样的机构，其生命也是有限的，这家公司在 2006 年被收购了。现在，世界上最古老的公司只有 1300 多年的历史：日本的西山温泉庆云馆（Nishiyama Onsen Keiunkan Hotel），成立于公元 705 年，现在由创始人的第 52

---

① https://en.wikipedia.org/wiki/List_of_oldest_companies。

代家族经营①。

如果一家拥有将近1500年历史的企业能够以每年哪怕只有百分之几的速度增长——它现在已经拥有了半个世界。然而我们所熟知的百年企业，没有一家具有这样的地位。酒店、酒馆、酒厂和啤酒厂，这些企业都保持着不变和保守——在商业世界里毫不起眼。

因此，战略思维的出现是商业史的转折点。企业不能生活在这种无休止的生存模式中。企业被发明出来，是为了成长和扩张，是为了解决复杂的任务，否则就会灭亡。企业的长期生存率并不高。在目前的全球500强企业中，只有13家企业的历史超过150年。这光荣的13家公司之所以能够存活下来，是因为它们找到了在必要时频繁重组业务的方法，而不是因为它们拒绝变革。美国的纽约银行梅隆公司（BNY Mellon）是唯一一家成立于18世纪的财富500强企业，访问该公司的网站，可以看出它绝对是因为懂得适应变化，才能保持了200多年的运营。

独角兽企业将扩张和增长的理念带到了一个新的高度。作

---

① 日本公司之所以有超强的生存能力，部分原因是日本立法的特殊性。日本法律允许收养子女，还能以家族内的子女不够资格经营企业为由，指定养子养女为继承人。因此，在家族历史上，遗传关系可能不止一次地被打破，然而在法律上，这被认为是世代的顺利交接。

为新经济世界的原住民，它们拥有强大的优势。为了生存和竞争，犀牛企业必须学会新的游戏规则。因此，我们认为犀牛企业的转型势在必行，而不是可以选择做与不做。我们将寻找"转型是什么？"和"应该怎么做？"这两个问题的答案，而不是回到"为什么？"这一问题。

……后来有一天，犀牛的队伍里传出一个谣言。有一种新型动物出现了，它们是嗜血无情的独角兽，它们做的一切事情，都会扰乱和破坏现状。独角兽们烧毁了犀牛的牧场，连一片草叶都不剩。有时，它们为了自娱自乐，用锋利的长角去刺穿犀牛的身体。独角兽有技术，有创新，这让它们所向披靡。犀牛要想在它们附近生存，唯一的办法就是变成它们中的一员。

第二章

犀牛企业和独角兽企业有何不同

第一节 独角兽企业的优势

现在，有一个重要的问题：犀牛和独角兽来自不同的星球吗？能把它们进行比较吗？例如，将西方企业与东方传统企业进行比较，几乎没有什么意义——二者在客户、供应链或运营方面有太多不同的地方，这样的比较对双方的管理者来说，都没有任何意义。在不改变各自环境的情况下，你不可能将两个企业融合在一起。出于同样的原因，这两种企业其实并不在同一个市场上竞争，在20世纪60年代，西方根本没有人关注东方企业。

然而，犀牛企业和独角兽企业在同一个世界里共存。它们迎合同样的客户，向同样的供应商采购，从同一个劳动力市场招人。也正是因为这种共存,它们的竞争才会如此激烈。独角兽企业并非来自外星,这个世界的经济规律也同样适用于它们——尽管独角兽企业有时似乎违背了这些原则。独角兽企业有什么不同的做法呢?主要有 8 个方面:游戏规则、现金流、运营、组织、强有力的决策、客户价值、不断变化、稳健性,在这 8 个方面,独角兽企业与它们的老对手不同。你会发现,这种差异是深刻的,而且总是对独角兽企业有利。

独角兽企业改变了游戏规则

首先,也是最重要的一点,独角兽企业设法将自己对公司的估值规则强加于人。经验丰富的犀牛高管和市场观察家们会把这称为"泡沫经济",而且在很多时候,他们似乎是对的。一家资金雄厚的初创企业倒闭的新闻,或者一颗数字企业新星在 3 个月内失去了 3/4 的市值,就像网飞(Netflix)在 2010 年或小米在 2016 年那样,让人们普遍认为,独角兽企业的财务缺乏稳健性。

泡沫与泡沫之间也有不同。亚马逊经常被贴上泡沫的标签,然而它现在仍然存在,其市值自 20 年前上市以来上涨了 350%(也就是说在亚马逊上市时每投资 1 美元,现在就值 350 美元)。亚马逊也有过市值下降的经历,有些下降充满戏剧性，21世纪初的那一次既充满戏剧性，周期又长，但亚马逊几乎没有在意这些下降（关于独角兽企业如何应对商业灾难这一话题，我们后面会进一步详细探讨）。

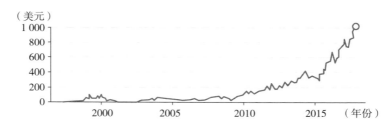

注：21世纪初被视为"泡沫破灭"的时刻，如今在图上几乎看不到。

图2.1 亚马逊市值历史 [①]

这是许多数字独角兽企业的一个惊人的特点：股市力量对它们的影响似乎是单方向的。当资本金增长时，数字独角兽企业会因此受益，当资本金下跌时，它们能轻轻松松地抗住打击。

这不是一个奇迹，这种现象是有坚实基础的。如果我们深入研究经济学，理论会告诉我们，人们购买一家公司——整体买下或按股份购买——基本上是在购买未来的现金流。如果未来是线性的，那么很明显，要靠你讨价还价的能力和谈判技巧来达成一笔交易：你会希望在 X 年后，通过你所拥有（或共

[①] 2017年6月19日收集。

同拥有）的公司的经营利润，可以收回投资的本金，这样你就能从这笔交易中收获纯利润。

20世纪90年代末，随着第一批数字公司的到来而产生的"新经济"则与之不同。亚马逊是向投资者传授新游戏规则的公司之一，亚马逊在其历史上，很少向股东支付股息。虽然亚马逊没有发明"低股息"政策，但它完善了这一政策，逐渐将一家公司的战略扩展为一种公认的市场范式。

这种新范式的反对者很多，特别是那些声称坚信"实体数据"的市场分析家。以十分有影响力的卡拉·斯维什尔（Kara Swisher）在2007年做的一份分析为例，那时，脸书还没有获得真正的第一轮大投资，该轮投资将脸书的估值定为150亿美元①。她的文章中提出了强有力的4个论据，向大家解释为什么脸书根本不值150亿美元。"所以，正如我曾经在另一篇文章中给扎克伯格的建议一样：如果你能得到这轮投资，就拿着这些钱，有多快就跑多快"，笔者总结道。而且，她还认为微软注资约2.4亿美元仅仅换得了脸书1.6%的股份太疯狂了。

仅仅是用现在的眼光设想未来，你在以后回顾时会发现所得出的结论都是错误的，因为未来从来不是线性的。你要买的

---

① http://allthingsd.com/20070925/15-billion-more-reasons-to-worry-about-facebook/.

公司既可能提升盈利能力，也可能突然丧失盈利能力。如果你有管理公司的能力，你可能希望在未来做得更好，提高它的经营利润率。或者，你可能希望在未来将其重新出售给愿意支付更多费用的买家，无论这些买家是出于什么原因要买下这家公司。经济环境可能会改善或恶化，情况多种多样。因此，市场上公司的估值变得越来越"无形"——未来预期的份额决定了其价值的近 90%。数字独角兽企业并没有发明"虚高"估值——没有固定资产账面价值支撑的估值——它们只是顺应了市场的长期趋势。

历史上有很多投资者在经营利润微薄甚至是在经营亏损的情况下，提升公司价值的例子。有些案例的成功原因很明显就是炒作，因为在自由市场中，炒作一直在发挥作用。然而有些投资者其实可能是有远见的，他们关注的是数字公司突破看似其"增长天花板"的限制，持续保持惊人的增长能力，就像微软和其他早期投资者在脸书的案例中所做的那样，脸书现在的价值是其"疯狂"估值时刻的 20 倍左右。

独角兽企业的未来从来不是线性的，因为它们刻意向所有可能的方向扩张，结果各不相同，但却有着惊人的坚持。请记住，它们总是追求指数型增长，有时还能成功实现这一点。让我们回到亚马逊的案例：亚马逊一旦取得了可观的市场份额，

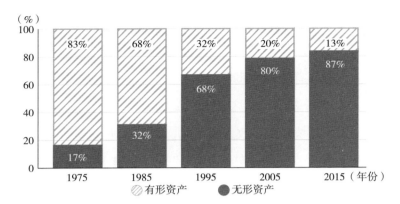

图 2.2　标准普尔 500 指数市场价值的组成部分

就不断地走出自己的利基市场。从书店到电子产品,从音乐到食品再到实体店,他们发展细化了 Prime 服务计划,成立了亚马逊营销服务(简称 AMS),这原本是优先提供亚马逊自己服务的平台,他们成功开发和货币化了其他基础设施,如亚马逊连接服务(Amazon Connect),现在又在其推出的 Alexa(由人工智能驱动的先进个人助理程序)身上复制了自身的成功经验。每家独角兽企业都觉得自己必须偶尔改变商业模式,探索新的利基。在这种情况下,收益总是滞后的,尽管在很多情况下,独角兽企业确实可以获得收益,而且数额非常可观。

案例 2.1　泡沫学的基础

每一个足够大的新机会都是从"一个泡沫"开始的，因为市场本身是不确定的，所以每个投资者都在下赌注，赌这个市场潜在的规模有多大。比如说，如果加密货币今后能被监管机构普遍接受，还能改变现有的货币体系和合约安排手段（贸易融资、贷款等），区块链技术的市场可能会变得无限大。考虑到这一可能性，当前的每一个区块链利基市场都将像过去几十年间的电子商务或互联网一样，演变成一个新的业务宇宙。

然而，现在谁也不能确定这项技术会不会实现。企业的估值会出现急剧下降，因为投资者往往会高估近期（1—2年）的变化速度，而低估较长时期的变化。当第一轮热情消失，新的企业没有钱了，保守的投资者就会对特定的细分市场失去信心，大规模撤资，接受损失。这种时候，就是出现一个真正的独角兽企业的时候……很少有企业会在这个领域中生存下来，通常能够生存下来的，是比较幸运的企业，但同时也是最有耐心、最专注、最强大的企业。这一点适用于等式两边——在这个市场上运作的企业和投资者。

当投资者期望值下降，清除掉一个利基市场上的弱者的时候，剩余的企业可以获得更广泛的客户群。它们也可以获得更多的资本：那些没有放弃的投资者的资金会落入少数竞争者手中。这是谷歌、亚马逊或 PayPal 等公司走出 2000 年网络经济危机的方式，也适用于苹果或脸书，它们在 2008—2010 年的经济衰退中逆势受益。因此，对一些投资者来说，他们的耐心和坚持最终得到了很好的回报。由此而得到的经验是：在炒作的高峰期不要寻找价值最大的企业，而要寻找最合适的和最有动力的企业，那些企业将生存下来并能带来回报。

独角兽企业可以获得足够的自由现金流

以用户数、应用下载量或用户登录时间等非财务指标为由投资独角兽企业，并不像某些强调"真正价值"的强硬派所说的那样"疯狂"。当独角兽企业的投资者押注于指数型增长时，他们设想在未来会有非常可观的现金流，而且他们往往是正确的。他们的赌注是基于这样一种认识：在市场混乱的时代，账本上的数字往往无法掌握创造和货币化客户价值的能力，这种能力给未来的现金流提供了非常真实的基础。

独角兽企业确实有现金流。有时，它们乐于把自己描绘得近乎无私。正如彼得·蒂尔恰如其分地指出的那样，人们在商业演讲中通常会坚持宣扬一些东西，而他们想要隐藏的东西，恰恰与他们所宣扬的相反。如果我们看看优秀数字企业的财务效益，我们会看到一些真正令人印象深刻的东西。

表2.1 数字化领军企业和传统企业员工的人均年贡献营收

公司	员工人均年贡献营收（美元）
网飞	1 880 000
苹果	1 865 306
脸书	1 620 000
谷歌	1 154 896
特斯拉	841 389
通用汽车	788 495
威瑞森	789 921
T-Mobile	744 000
微软	732 224
亚马逊	577 482
花旗集团	383 000
甲骨文	230 000
沃尔玛	222 000
IBM	220 000

数据来源：作者根据雅虎财经的市场数据计算，数据采集截至2017年7月。

数字化领军企业人均年贡献营收更高，这是衡量运营效率的一个关键指标。它们的业绩比一些成熟的犀牛企业高出一个数量级。例如，谷歌的运营利润率很少低于20%，这使得该公司比世界上85%的企业更有效率[①]。诚然，一些企业的净利润很小，甚至长期处于亏损状态，就像亚马逊在21世纪初那样。然而，这是深思熟虑的商业战略的一部分，而不是管理上的缺陷。扩张是昂贵的，但对于独角兽企业来说，扩张是值得的。在数字世界里，过早地停止扩张——在你还没有到达真正的极限之前——可能会让你的业务付出代价，正如雅虎的案例告诉我们的那样。尽管如此，不要把薄利与财务低效混为一谈。独角兽企业以一种最高明的方式使用着巨大数量的资金。

案例2.2 雅虎！数字经济最大的失败

早在2000年，雅虎是全球最有价值的门户网站，在纳斯达克市值排名第7（仅次于思科、英特尔、甲骨文、太阳计算机系统有限公司、戴尔和高通），市值近940亿美元，而在2016年，雅虎以超过40亿美元的价格在一场相当尴尬的交

---

① www.gurufocus.com.

易中被收购。现在，雅虎仅仅是 Verizon 的业务子公司。在交易达成之前，雅虎已经挣扎了好几年，尽管拼命努力，想要扭转局面，但情况却每况愈下。这个故事十分形象地证明了：（a）独角兽企业可以变成犀牛企业；（b）独角兽企业通常无法在蜕变中存活。

我们有足够证据可以解释雅虎做错了什么[①]。首先雅虎没有认识到谷歌在互联网搜索中提供了更好的客户价值。雅虎坚持把自己当成"门户"，认为自己是一个超级网站，要提供尽可能多的信息给用户，目的是让用户尽可能长时间地停留在雅虎网页上，并通过广告在这一时间段内盈利。相比之下，谷歌非常满意它在用户浏览网页中发挥的纯粹过渡作用——一旦客户有了正确的链接，他/她就会继续搜索想要搜索的信息。谷歌努力使这个过渡尽可能地平稳和快速，它从不在主页上放任何可能分散搜索注意力或减慢搜索速度的东西。谷歌的广告很小，以文字为主，并且与搜索请求相关，而雅虎则展示了很多光鲜亮丽的富媒体"展示广告"，这些广告都是在推广品牌，而与客户的需求没有直接关系。

---

① 其中的一些证据载于 http://www.telegraph.co.uk/technology/2016/07/25/yahoo-9-reasons-for-the-internet-iconsdecline/，https://www.techworld.com/picture-gallery/careers/what-went-wrong-for-marissa-mayer-at-yahoo-5reasons-ceo-failed-perform-turnaround-3655968/，http://knowledge.wharton.upenn.edu/article/a-tale-of-twobrands-yahoos-mistakes-vs-googles-mastery/。

这种对待客户价值的分歧带来了运营成本上的巨大差异。当谷歌将它所做的大部分工作——包括搜索和广告活动的管理——进行自动化时，雅虎却不得不雇用大量的员工来创造和编辑内容。因此，谷歌的运营利润率一直高于雅虎，有时是雅虎的两倍。随着谷歌销售额的快速增长，它获得了越来越多的自由现金流，这些现金被有效地用于收购成功的企业和产品创新上。雅虎试图追赶，但它的并购交易很少成功。最近的一笔大交易是在2013年以10亿美元收购了博客平台汤博乐（Tumblr）[1]——大约正是许多人放弃博客，转而选择脸书或推特等社交媒体平台的时候。

然而雅虎确实进行了一些伟大的投资。它以微不足道的10亿美元买下了阿里巴巴40%的股份[2]，它在日本也有一家非常成功的合资企业。这些持股现在价值近600亿美元，它们由一家名为Altaba的独立公司管理。事实证明，风险投资和收购扩张业务是两套完全不同的技能体系。

---

[1] http://www.dividend.com/news/2013/forgetac-quisi-tions-yahoo-should-start-paying-a-dividend-yhoo/.

[2] 部分股份后来又卖给了阿里巴巴。

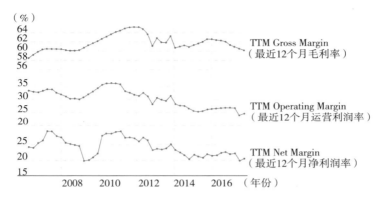

图 2.3 谷歌运营利润率的历史走向 ①

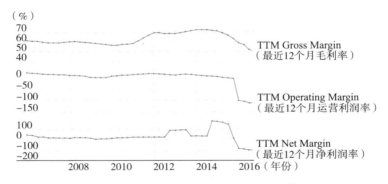

图 2.4 雅虎运营利润率的历史走向 ②

---

① http://www.macrotrends.net/stocks/charts/GOOG/profit-margin/alphabet-inc-c-gross-operating-net-profitmargin-history.

② http://www.macrotrends.net/stocks/charts/AABA/profit-margin/altaba-inc-gross-operating-net-profit-marginhistory.

独角兽企业利用集中资源和借力生长开展有效运营

为什么独角兽企业的运营效果可以这么好？答案有两个：一个是对客户价值的专注，另一个很简单，就是不让企业组织结构变得冗余。

每个企业都在宣扬客户价值，而独角兽企业则从根本上解决了这个问题。为了解决这一问题，整个企业有点像是逆向工程，它们不是从一个产品、一项资产或一项技术开始，这些都是手段。业务流程的终点——唯一的终点——是通过给客户提供一些他在别的地方永远得不到的东西，从而为客户提供价值，这些东西是"无须折中妥协"的东西，让客户能以极小的成本获得卓越的质量。

还记得杰罗姆·K.杰罗姆（Jerome K. Jerome）写的《三人同舟》(*Three Men in a Boat*)吗？三位男士计划要乘船旅行，他们首先列出了一张清单，写出他们认为在旅途中不可缺少的东西。但结果这样做只是徒劳，因为"在泰晤士河的上游，显然容不下一艘大到能装下我们清单上所有东西的大船航行"。虽然很多犀牛企业在几十年前下水的时候，都是一穷二白，但它们已经逐渐成长，似乎拥有了所有的东西，事实上，能拥有这些东西还挺不错的。在每一种情况下，这个决定看起来都是合理的，这个东西都是"不可或缺"的，而且拥有这个东西，要么能提高产品质量，要么能节省成本。当你遵循"拥有就好"的逻辑时——几乎世界上任何东西都符合条件。然而，每一个新增加的东西都会增加管理的复杂性，给组织结构图带来新的区块和层次。犀牛企业最终把大部分的管理时间和精力都花在了对公司客户来说其实是次要的事情上。

而数字经济的领头羊公司选择了一种与之截然不同的做法——这种做法与杰罗姆书中的三位男士最后所选择的方法一样："我们不能考虑我们能拥有什么东西，我们要考虑我们不能没有什么东西。"这些东西从来都不是简简单单就能直接选出来的。在某些情况下——正如 Lamoda（一家俄罗斯电商网站，详情见案例 2.3）及其追随者的例子所证明的那样——这些决定与为客户建立价值的直觉完全相反，比如投资于物流的"最后 1 公里"而不是华而不实的网页界面。然而，你总能追踪到上述这种投资与提供卓越的客户体验之间的直接联系。

在追求建立客户价值的过程中，独角兽企业寻求借力生长。他们是剥削（如彼得·蒂尔所说）他人资源的高手。谷歌没有花钱创建它索引出的网站；脸书和照片墙靠人们的创造力茁壮成长，而网站用户却不能靠着自己的创意得到任何物质上的回报；爱彼迎经营的房产，它没有买下，也没有租下；比特币免费使用网络上私人"矿工"的计算能力。这就是诀窍：使用别人的基础设施，最好是免费的，或者至少是价格很低——

然后在此基础上出售服务。当然，实施起来没那么容易，一般人不会到处提供自己的资源供人利用。

一位法国自行车手发明了一种省力方法，利用重力和采取符合空气动力学的姿势，在下山时击败竞争对手。在时速60英里（约96千米）的情况下采取这种动作是困难的，甚至是危险的，但其结果是值得的。这一姿势，就像是数字领头企业利用了免费基础设施的"重力"。

案例2.3　Lamoda：投资物流，实现客户价值的飞跃

如今，全世界的电商企业都在竞相进行整合，自建物流——覆盖到客户的"最后1公里"，这种做法成为一种时尚。

来自俄罗斯的 Lamoda 时尚电商是这一潮流的先行者之一，几乎从一开始就将这一方式作为其运营战略的核心。然而，此举背后的逻辑对于 B2C（商家对顾客）业务来说并不十分常规。

企业应该尽快获得市场份额，这是 B2C 电子商务的一个公理。创办一家初创公司的智慧在于，要从价值主张出发，集中精力做好一切，将客户与公司联系起来，例如，在营销层面联系起来。在"后端"的一切都应做到可操作性强，足以支持市场的扩张。

Lamoda 很快就明白，将这种逻辑应用于俄罗斯的时尚网络零售业存在缺陷。在任何业务中，确保回头客都很重要——对回头客进行营销的成本，只是招揽新客户所需成本的一小部分。然而，在网上销售时尚产品时，如何让顾客满意是一个挑战。要让服装做到"很合身"，是出了名的难。在线下世界，一个购物者试穿了十几件商品后，只买其中一件是很常见的事情。很明显，在线上赢得顾客的关键在于为他们提供同样程度的自由度。

然而，这样做的经济成本过高，至少在俄罗斯是不可行的。从苏联时期开始，俄罗斯就以物流基础设施都不发达著称，无论是质量还是数量上。由于俄罗斯国内几乎没有现代化的公路，所以卡车运送的速度比欧盟或美国慢。有一些重要的城市，是不能通过陆路到达的。著名的西伯利亚大铁路超负荷运行，商业交通经常拥挤。与美国或加拿大等大国相比,区域性的航空航班较少。作为全国最大的物流运营商,俄罗斯邮政因投递速度低、包裹丢失比例高而声名狼藉。

在这种情况下,寄送昂贵的商品,而且这些商品还可以包邮退货,看起来绝非一种健康的商业模式。与这种观点相反,Lamoda看到了客户价值的突破潜力,客户价值可以建立起一个拥有真正忠诚的时尚购物者的专营店。事实证明,这种商业模式是可行的:如果你想做好客户体验,就应该去做物流。

因此,在2013年,Lamoda在物流业务的质量上有了很大的飞跃,将整个物流业务,从清关到各地区"最后1公里"的交付,都由公司内部各部门来完成。这需要一笔投资,相当于两年的运营成本,对于一家成立仅两年的公司来说,是一笔不小的数目。这里Lamoda就使用了独角兽企业的募集投资技能。风险投资人主要是依靠基准来引导自己应对初创企业的风险。需要大笔资金的Lamoda知道,世界上没有任何先例可以作为范例提供,但它却能在当时的电商世界里,为一些非常反常规的东西做出强有力的游说。

出人意料的是,物流的整合来得非常及时。2014年俄罗斯经济陷入衰退,这破坏了时尚市场以及其他市场。顾客想要讨价还价,价格的压力意味着内部运营不力的网络零售商的盈利缺口不断扩大。中国电子商务巨头阿里巴巴销售越来越多非常便宜的产品，这是另一个重要的竞争因素。

Lamoda 不仅成功地渡过了这场风波，而且在销量和利润上都有所提高。它的重复购买率很高，这使其可以更有效地利用营销资金。它还扩大了自己的市场，为那些想在俄罗斯进行网上销售，但又受困于市场上复杂操作的时尚品牌提供物流运营服务。

独角兽企业建立真正精简且敏捷的组织

专注于几件重要的事情，就可以建立起精简且敏捷的公司。你根本不需要太多的人上船，只需要那些你真正需要的人。这虽然看似微不足道，但自20世纪70年代以来，美国企业发现日本竞争对手的方法可以在价格竞争中提供完全优势后，"精简管理"就被宣扬开来。任何一家犀牛企业都会宣称自己的组织结构是"优化"的。但在现实生活中，它们的结构相当庞大。不久前，犀牛企业遵循的原理，还是一个管理者不能有效地管理超过8—10个下属，并据此建立自己的组织结构。现在，构建一家结构精简的公司显得难以实现[①]。然而，即使将被管理者的数量增加一倍，也只是为大公司提供了无穷

---

① https://hbr.org/2012/04/how-many-direct-reports.

无尽的等级阶梯。

独角兽公司就不会这样做。他们有能够有效管理几十个人的领导，有足够积极的员工。例如，谷歌的一个工程团队负责人通常管理着 50 名，有时甚至多达 100 名下属①。为此，从入门级工程师到"谷歌工程师"（Google Fellow），也就是能在技术发展领域做出战略决策的大师，两个级别之间只有 8 个层级②。这似乎已经够垂直了，但对比一下, IBM③或微软④有 12 个层级。

独角兽企业将人类决策和数字决策结合起来，将一切可以自动化的东西自动化，把通过长时间讨论才能做出决策的模式，变成相当直接的数据驱动决策模式。在商业中，并不是所有的事情都可以用数据驱动这种方式来决定。有些领域，即使在数字世界中也需要人类直觉和沟通。了解这些领域，并尽可能地保持其紧凑性是至关重要的。人与人之间的沟通在拓展战略视野方面可以发挥惊人的力量，可以给人心理上的成就感，但成本却非常高。独角兽企业将其当作最宝贵的资

---

① 加里·哈梅尔，比尔·布林. 管理的未来 [M]. 波士顿：哈佛商学院出版社，2007.
② 谷歌公司内部的职位层级。
③ https://www.quora.com/What-are-the-different-job-bands-in-IBM.
④ https://www.quora.com/What-are-all-the-job-levels-in-Microsofts-technical-career-track.

源来使用——绝不会浪费在一个小任务身上。数字化领军企业著名的"扁平化"组织结构就是采取这种做法的结果：一旦你想节省内部沟通的成本，你就别无他法，只能扼杀等级制度。

这种方法需要管理耐力。在扁平化的组织中，很难进行管理①。你永远不可能完全成为一个"老板"，即下达命令和指示、控制和收集结果并向上汇报的人。如果你是一家数字化领军企业的大人物，这可能意味着要亲力亲为地做很多事情，要说服员工、激励员工，还要面对其他人各方面的挑战。这有什么好处吗？当然有。在一个扁平化的组织中，你永远不可能单纯地只是"下属"或"员工"。你可以参与决策，你可以在所有人面前大声说话，你被赋予了责任与权力。没有人会对你发号施令——尤其是在着装或守在办公桌前办公这样的事情上。纪律来自自我激励，一旦你有了这种共同参与的感觉，就极难适应传统犀牛企业的规则。

扁平化的另一个重要优势是普遍性。你有多功能的团队，角色灵活，有很多共同的专业知识。敏捷的出现并非偶然，它需要一个坚实的平台才能发挥作用。敏捷管理的模糊性，让犀牛企业在试图接受它的时候遇到了很多麻烦。相比之下，

---

① 关于扁平化组织心理学的有趣讨论，请参见伊森·伯恩斯坦. Zappos 等扁平化企业需要隐私[J]. 哈佛商业评论，2014（11）.

独角兽企业接受起来便轻而易举。这种差异来自角色划分的方法。

大多数关于合作和团队协作的理论都假设人们是真心实意地为公司取得更好的业绩而工作，但现实却并非如此美好。虽然在公司里，搞破坏和霸凌的人从来都不占多数，但每个员工在发展自己的事业时，都会发挥自己的利己主义。这没有错，只是需要加以理解和管理。"好篱笆成就好邻居"，温斯顿·丘吉尔曾引用过这句话。同时，围墙太高，又会遮挡和分散注意力，你要如何解决在工作环境中遇到的难题呢？

在人类社会的进化中，历史上很早就有了第一个答案，就是角色分工。你来划船，我来搅拌；你来追鹿，我来射击；你来指挥，我来执行，等等。这是一种有效的组织方式，尤其是在有很多人，大家可以做的事情或多或少都相同的时候。通过严格定义角色分工，并坚守岗位，就可以消除无用竞争，比如试图让同行看起来更差，从而凸显自己的水平。军队就是建立在这个基础上的。

以下要说另一个重要的层面：知识和技能的共同点。相同点可以很大，大家都认同彼此的看法，也可以很小，大家都有各自的特点。角色分工明确、共同点很小，这两点带来了传统的公司——我们的犀牛企业。我懂物流、你懂营销、他懂财务、她懂研究，大家如果能适当地组合在一起，我们会是一个非常强大的团队。由于有了组织构建，大家都明白权力游戏的规则是什么。在董事会上可能会有一些争吵，但在大多数时候，企业工作开展得相当顺利。但有一个因素需要考虑：这种组织运行方式是昂贵的。企业需要很多人，而且不可以轻易替换某人。员工不善于合作，所以大型失败可能发生在能力的灰色地带，在那些领域，没有人是专家。一般来说，企业运行良好，是因为内部有强大的专业人员，但每次他们试图实现变革时，都会遇到大麻烦。

独角兽企业通常会反其道而行之。由于所有的独角兽企业在刚成立的时候，都是一个紧密团结的团体，为一个想法而工作，它们鼓励人们拥有很多的共同能力。在这些公司，员工在工作时通常没有严格规定的岗位，他们的角色会不断变化。这种模式并不新鲜，律师或会计师合伙制通常也是这样的模式。独角兽企业已经创造了将这种模式推广应用到拥有几万人的企业之中的方法。像律师或会计师一样，独角兽企业关注职业道德。同时，这样做还有获得指数型增长的强烈刺激，每天都有变得更成功的喜悦。这一模式使人们团结起来，暴露出竞争公司地位的小打小闹，使其变得无关紧要。

最后说说这个模式：是否有一些组织共同点很少，角色分工很弱？不幸的是，世界上许多政府都是这样工作的。在一段时间以前，政府仿照军队而建立，但缺乏明确的级别：谁是上级,是联邦部门的主管、地区行政部长还是特别小组委员会的领导人?其实,很多头衔之所以被特别发明出来,都是为了满足人们的自负、模糊汇报。同时,每个人都在非常有限的授权范围内活动,其实还有很多空间没有被开发。政府内很少有动力为一个共同的目的而工作——因为这个目的的定义不明确。

表2.2 不同类型组织特征

共同点/角色分工	松散	明确
小	政府	传统公司
大	数字领军企业	军队

独角兽企业处于"共同点大—角色分工松散"这一象限,这会有什么影响?这两种特点组合在一起,是敏捷性的平台,而敏捷性又是组织精简的关键。敏捷项目管理的所有方法都依赖于团队合作、灵活性、不同学科的无缝融合等非常基本的要素,以达到快速可检验的结果。在犀牛企业常见的运营环境中,角色分工严格固定,几乎没有共同点,在这种环境下,很难实现敏捷项目管理。有太多人不愿担任领导角色,团队成员对应该做什么、怎么做也几乎没有多少共同认识。

在犀牛企业的世界里,每个人都想掌舵;在独角兽企业的世界里,每个人都想划船。

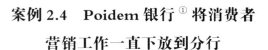

案例 2.4　Poidem 银行[①] 将消费者营销工作一直下放到分行

在俄罗斯这样一个国土面积辽阔的国家,广告管理的关键问题之一是在支持你的分行网络的当地媒体上做广告。毫不夸

---

① 俄罗斯的一家银行。

张，你有成千上万个选项，所有的选择都有其特殊性。虽然和国家媒体相比，每个广告都非常便宜，但是把在全国各地投放的广告加起来，也可以消耗相当多的预算。通常，大型的全国性广告商都会雇用庞大的团队，他们忙于选择合适的标题和格式，监控效果和未来的预算。

而俄罗斯的这家中型创新银行十分执着于精简组织，该银行采取了一种不同的方法。它把所有用于媒体的"大额"预算都按照客户群的比例，分配给了各地区办事处。此外，每个分支机构的团队都有权将部分营业利润用于微观营销，比如印刷和分发传单。需要注意的地方在于，广告支出会减少团队的即时奖金，但却有机会在未来通过吸引更多的客户增加奖金。员工们不得不做出一个真正企业级的决定：他们应该将当前利润中的哪一部分投入到未来的发展中去。做多少广告、在哪里做广告，在这些问题上，大家进行了激烈的讨论，然而很少有分公司选择完全不做任何广告。同样的逻辑也适用于区域办事处花费的"大额"预算——他们会减少当前的奖金，以换取未来的回报。中央营销团队由六七位机敏的专业人工组成，其职责是教学，筛选最佳实践并加以传播，提供创意材料的布局以及协调媒体交易。在中央营销部，没人有权禁止地方分支做一件事，除非这件事违反了品牌价值和视觉指南。然而，如果投资看起来可能无效，总部就有义务发出警告。人们可以自由地从错误中学习，公司也愿意承担大部分的学习成本。不过，重要的是，每一个教训都会对个人的口袋产生影响——不是通过罚款或处罚，而是通过投资回报率。得益于该系统的成果，该银行在地方媒体上的竞争力超过了其更大型的竞争对手，同时，这家银行专门负责广告管理的团队规模，要大大低于拥有高区域曝光率的公司的行业标准。

独角兽企业多强势决定：承担风险并获得回报

在其他条件相同的情况下，是什么让一些公司做得比其他公司好，就像一些人做事会做得比其他人好。答案与决策和执行有关。一个好的决策有两个基本属性：一是有效，或者用通俗的话说就是"正确"的；二是及时。正如俄罗斯的一句俗话所说："架都打完了，再挥拳就没意义了。"

决策关乎未来，总是需要在不确定的情况下做出。发展企业并不是要打造一台逻辑机器——所有可能的答案都是预设好的，人们只需要找到能提供答案的方法就好。企业建立在人的意志之上。一个人可以强加和执行决定，有时候这样做在逻辑层面看来，胜算很小，但你永远不确定你是否能做到这一点，所以你可以用两种方式来决定：强势决定和弱势决定。强势决定是那些在表面上有违逻辑的决定，它们需要强大的意志支撑才能实现。但即使有了这种意志，它们也有可能会让你一事无成。想象一下，有一天你醒来，决定比平时晨跑多跑1倍的距离。你不确定自己是否有能力做到这一点，为了实现这一决定，你将需要运用新的跑步技巧。你可能会失败，这将会很痛苦，但你也有获得回报的可能：你的运动能力可能会飞跃提升。这是强势决定的两难问题。

弱势决定是那些几乎可以自我实现的决定，比如晨跑时选择你已经知道自己有能力跑完的距离。弱势决定背后也有意志的支撑，因为完全不跑步永远是一个有吸引力的选择。尽管如此，你并不需要把自己的意志发挥到极致——同时还冒着失败的风险。弱势决定并非坏事，它们推动了我们大部分的生活。不过，我们中那些在起跑不利的情况下逆袭成功的人——他们必须通过在某些关键时刻做出强势决定才能做到这一点。

这是独角兽企业和犀牛企业存在差异的另一个重要领域。独角兽企业会做出更强势的决定，而且做出的决定更多。这是它们不断扩张的商业模式的必然选择。换句话说，它们在承担风险。

商业类著作中常常描写这一现象：传统公司不再能承担重要的风险，而当它们真的承担起重要风险的时候——通常都以失败告终。这很尴尬：之前人们发明公司，就是为了让其承担风险。在传统公司辉煌的年代，它们在大洋之间挖掘渠道、铺设铁路、把汽车的概念介绍到世界最偏远的地方、发展广播电视等新媒体。所有这些事业都是有关承担风险和做出强势决定的。然而，这些企业现在不再这样做了。现在，犀牛企业更多的是采用之前苏联国营企业的计划经济方法：将每年增长率定为5%。

为什么是5%呢？因为在大多数市场中，这个目标几乎可以自我实现。你可以建立一个有组织纪律、以"每年增长5%"为目标的机器，依靠弱势决定便可运行这台机器——而且可以运行相当长的时间。只有在剧烈动荡的时代，机器才会分崩离析，就像20世纪90年代初的大多数苏联工业一样。1967年，约翰·K.加尔布雷思在其《新工业国》一书中做出了一个非常大胆的预言：西方企业界今后将采用苏联的计划经济方法。在他那个年代，这个预言让铁幕两边都很恼火，但现在读来却像是经济学史上最强的预言之一。

苏联晚期的企业在不愿承担风险方面是出了名的。然而，这与其最初的设计背道而驰。在早期的一些时代，苏联企业支持风险事业，比如开拓太空飞行。这些公司由大胆的工程师组成、有能力向挑剔的官员推销其幻想，这些企业后来究竟发生了什么事情？

问题出在奖励这一方面。苏联的目标是建立一个平等主义社会，而在实现这一梦想的过程中，苏联过于强调平等。人们没有因为做出强势决定和承担风险而得到回报，上升的空间很小，而下降的空间却一如既往的大，因此，每个人都很舒服地做着越来越弱势的决定。你会因为没有完成国家计划而受到惩罚——但你并不会因为总体上的超额表现而得到相应的奖励。超出计划5%就足够了——你拿到了奖励。如果你让企业成功增长了10%而不是5%，这个奖励不会有实质性的提高（但是，你会收到暗示，要求明年和以后的计划增长都不得低于10%）。

这种情况发生在如今的犀牛企业里。最讽刺的是，这些"资本主义的支柱"实际上在内部成为现代世界上最具特色的组织。对于一些高管而言，公司的运转可能还与其大笔的个人财富息息相关，但在公司组织阶级的下层，这种情况很快就会消失。一个中层管理者，作为企业大举措的把关人之一，通常会有一个出人意料的薪酬方案：与同行持平的固定工资（有很多眼睛盯着呢），再加上"5%的业绩增长"丰厚奖金，而5%的增长率，是一个人相当容易实现的目标。

要推动企业做出许多强势决定并坚持这些决定，所有参与者都需要感受到实质性的激励，包括精神激励和物质激励。一个人承担了风险，就应该得到表扬和奖励。即使对犀牛企业而言，这听起来也是微不足道的。不幸的是，在现代犀牛企业的环境中，奖励最大的位置是在每一个重要项目结束时，无论结果如何，都有资格说一句"我早就跟你说过了"的职位。这是企业依靠战略运转的一个副作用，这种运行模式提拔有远见——或者看起来像是有远见——的人。因此，一个人做了大胆的事情，却得不到什么额外的奖励，但却会因为"预见了未来"而得到嘉奖。这恰好与通过规划管理未来的初衷相反，预见未来最有效的策略就是不要让未来按照别人的规划发生。那么，这句"我早就跟你说过了"的口号就最响亮了。

如何才能打破这种文化？很简单，让人们因承担风险而获得奖励。不过，说起来容易，做起来难。在自由市场经济中，那些想冒险又足够聪明的人往往不会选择在企业工作，而是自己创业。这一点在提倡"内部创业"的流行理念中得到了认可。但问题是，创业应该意味着有收获的可能，不仅是心理上的收获，而且是物质上的收获。在这一点上，传统企业遇到了一个大问题：无论中层员工表现得多优秀，企业并没有打算让他们成为百万富翁。

和其他领域一样，独角兽企业做到了犀牛企业做不到的事情。在典型的独角兽企业中，大家都有一种感觉，就是在承担风险后，公司里的每个人都没有多少东西是输不起的，但却有可能获得很多收获。在公司里普遍存在一种等不及想要做更多事情的感觉，大家都想做大做快。高层管理的任务是对此进行一定的约束和限制——与犀牛企业相反。在犀牛企业中，中层的态度相当保守，而高层人员疲于奔命，试图推动创新。高层和中层之间的这种角色颠倒是很重要的。很多人都知道，史蒂夫·乔布斯在回到苹果公司后，中止了相当多的项目。这是因为他认识到了一个简单的事实，即公司领导的个人资源是有限的，在项目结束时应用这些资源才是最有效的，而不是在项目开始时。在传递客户价值的过程中，苹果利用这些资源来打磨产品，使之更加完美。

独角兽企业正在极大地改善客户体验

世界上有很多人拥有很强的创意力，可以创新出一种消费产品，这一产品将可以在现有的基础设施上自由使用。然而，这种想法很少能抵御竞争性的山寨行为。事实上，每一种新的商业模式都会有其追随者。每个优步都会面临一个来福车（Lyft）。在一些领域，新企业进入市场似乎不会面临有效障碍，独角兽企业如何在这些领域创造可持续的竞争优势呢？

经典的竞争理论，主要建立在哈佛大学教授迈克尔·波特（Michael Porter）的著作上，这种理论会回答说"不可能"。任何产品的发展都不可能在竞争中持续领先。Windows操作系统采用了Mac的界面；安卓系统迅速挑战了iOS，复制其大部分功能；三星等公司推出的智能手机很像iPhone，等等。

另外，尽管大大小小的竞争对手都在抄袭苹果，苹果公司仍然是全球市值第一的公司，增长速度健康，盈利能力让人羡慕。苹果在专利战中很较真，却似乎对抄袭者也没有特别在意。在几乎所有企业都宣称自己能主宰客户的时候，苹果是真正能证明自己拥有这种"主宰力"的品牌之一。其背后的原因是什么呢？

答案是，苹果和其他数字化领军企业不遗余力地在客户体验方面打造了真正卓越的东西。在这一点上，他们在创造独特的新体验和创造有价值的体验之间，找到了微妙的平衡，不需要为主流客户提供深奥难懂的高科技，而是提供尼尔·埃亚尔（Nir Eyal）所说的"加州卷经验"（见案例2.5）。对于独角兽企业而言，改善客户体验是一种狂热。

以超轻薄笔记本电脑为例。自从MacBook开创了这一品类以来，从来都不缺乏竞争者——华硕、惠普、戴尔、联想，你能想到的品牌都有推出轻薄笔记本电脑，其中的一些产品是真正可以与MacBook相媲美的杰出设计作品，在几乎所有的方面，它们都可以与苹果媲美，但在一个细节，而且是相当重要的细节上，它们却比不上苹果。这个细节就是电源线。为了给MacBook充电，你需要使用电源线，苹果将电源线设计得很漂亮。他们甚至想到了要给电源线自己做一个弹跳装置，可以自动插入充电口，每个MacBook用户都知道这一细节，用简单的几句话很难说清楚这种体验。至于其他的"超级本"，你使用的电源线都像是为了吓唬小孩子而设计的电网。谁会在意电源线呢？在苹果推出自己的设计之前，没有人这样做。现在大家都知道，电源线是可以有所不同的[①]。

这种对用户体验的极度关怀也支撑着特斯拉的设计。特斯拉将汽车驾驶体验延伸到了数字领域。你的汽车现在看起来更像一部手机，你可以下载一个软件，然后进行各种升级。新的功能在不知不觉间就增加了，如果你要使用这些功能，就需要付费，当你不再需要这个功能时，就可以取消订阅。汽车成了为每个驾驶者深度定制的产品。还有更多的功能会在今后出现：不久之后，互相连接的汽车可以与彼此交谈——例如，按优化后的顺序同时移动停车场上所有的自动汽车。这些软件功能与特斯拉出色的发动机、动力特性以及内饰设计不相上下，现在让很多宝马和奔驰车主都羡慕不已。总而言之，如今在全

[①] 一位使用MacBook很长时间的人对此发表了评论："你知道吗，苹果电源线是唯一一个经常坏掉的东西，而且更换的费用相当高——你还没有其他选择，不像其他笔记本可以通用电源线。"嗯，是的，这是真的。人无完人。然而即使是这个漏洞，似乎也已促进了客户参与度：在谷歌上搜索"如何卷起你的MacBook充电器"，有超过500 000条相关的搜索结果，有消费者分享建议，还附上了自制视频。

球汽车制造商中，特斯拉这一品牌获得了最高的净推荐值。

案例 2.5 "加州卷经验"

有影响力的科技博主尼尔·埃亚尔解释了在用户体验上成功获得突破背后的心理学："人们并不想要很新的东西，他们寻求的是以一种刺激的方式来获得熟悉的体验。"如果你曾经感受过顾客对某样东西不买账的挫败感，那么你会同情20世纪70年代美国的日本餐厅老板。当时，几乎没什么人会掏钱吃寿司，据说，美国人都害怕这东西。吃生鱼是一种不正常的现象，而且对大多数人来说，豆腐和海藻就是个笑话，根本不是食物。

然后出现了加州卷。虽然人们对这一著名寿司卷的起源仍有争议，但其影响力是不可否认的。加州卷出现在美国，是将人们熟悉的食材以新的方式组合而成的：米饭、牛油果、黄瓜、芝麻和蟹肉——对普通美国人而言，唯一不熟悉的配料就是那片几乎看不见的海苔。

加州卷提供了一个探索日本料理的通道，需求量也随之激增。在接下来的几十年里，寿司店突然成了主流。今天，寿司在美国的农村小城镇、机场、联排商业街都有供应，在当地超市的熟食区也有库存。美国人现在每年消费22.5亿美元的寿司[①]。

犀牛企业和独角兽企业在两个镜像世界中运作。犀牛企业在设计内部运营时，会沉迷于"有这些东西也不错"的思维，但每当涉及客户满意度时，他们会坚持"专注于必要的东西"的思维。在这种逻辑下，产品中一切没有"用处"（即"立即提升销量"）的东西都不值得关注。"一个新功能的投资回报率会是多少？"这被认为是一个很好的管理问题。

独角兽企业的做法则完全相反。他们会给客户提供很多"拥有了也很不错"的功能，哪怕是只能给客户带来一点点好的用户体验的功能，也全都提供给客户。"销售业绩"对他们来说，只是产品研发的基础，是开始，而不是结束。那么，独角兽企业所有的运营都是为了尽可能精简地提供这种体验。客户价值是目的，运营是手段，它们没有其他目的。但这并不意味着你只专注于界面的搭建。正如我们前面在 Lamoda 案例中看到的，有时候要想在客户体验上有所作为，你需要深入到供应链中去，优化物流、仓储和采购。但重要的是，在探索的每

---

① 人们并不想要真正创新的东西，他们想要用不同的方式做熟悉的事情。https://www.nirandfar.com/2015/06/california-role-rule.html。

一个点上，都要牢牢记住客户价值的最终目的（而不是当前的资金状况）。

用户体验来自大量的小互动。要想让整体完美，每个互动本身就应该是完美的。在这里，独角兽企业的产品愿景与其利用社交媒体力量的技能相融合。它们创造了定制系统，在这个系统中，每个用户得到的东西都略有不同，是根据他／她的行为特点定制的。通过这种方式，数字化领军企业实际上可以拥有自己的客户：你使用一款产品或服务越多，其定制也就做得越好，你就能获得更有效、更有价值的体验，你也会因此越来越多地使用这款产品或服务。产品定制高手的圣战，比如苹果手机与三星手机，或佳能与尼康，都是基于这种效应：当你深陷一种体验时，其他所有竞争产品都显得平淡无奇。

独角兽企业以变求完美

回到关于竞争的经济理论——其中我们现有的最好的理论认为，对顾客体验的关注仍然不能算作一个可行的商业战略。正如一本在线管理百科全书所说："为了使企业获得'可持续的'竞争优势，其一般战略必须建立在符合四个标准的属性上。战略必须（1）有价值——对消费者有价值；（2）稀有——不常见或不易获得；（3）不可模仿——不能被竞争者轻易模仿或复制；（4）不可替代——消费者不能或不会用另一种产品或属性来替代为企业提供竞争优势的产品或属性。"[1] 这段话意味着集中改进产品的一些小地方这种做法是不可持续的。然而，数字商业的实践却告诉我们，情况恰恰相反。为什么会出现这种情况呢？

其实，经典理论是有道理的，数字竞争优势不可能在 20 世纪的商业环境中做到"可持续"。在那时，人们会为可口可乐创造一个秘密配方，并将其推销几十年甚至上百年。偶尔（但也绝对不会太频繁），公司会重新设计瓶子，改变商标，让广告符合那个时代的音乐和时尚标准。然而，你的目标是"创立一个经久不衰的产品"，就像 20 世纪 90 年代初的一本商业畅销书的名字一样[2]。每当你冒险将其改变，也是出于一个目的——能在未来尽可能长的时间内保持不变。

---

[1] http://www.referenceforbusiness.com/management/Bun-Comp/Competitive-Advantage.html#ixzz55PRUsyHC.

[2] 吉姆·柯林斯，杰瑞.I.波拉斯.经久不衰：有远见公司的成功习惯[M].纽约：哈珀商业出版社，1994.

"经久不衰":可口可乐 50 年来的用户体验改进

| 1923年 12月25日 | 1937年 8月3日 | 1957年 运用了 彩色商标 | 1961年 一次性 瓶子 | 1975年 一次性瓶子 (塑料) |

在不断变化中发展:苹果公司 20 年来的用户体验演变(1984—2014 年)

努力把经典瓶身玩出新花样:可口可乐的新用户体验[①]

图 2.5　可口可乐和苹果公司在用户体验方面的演变

---

① https://www.amexessentials.com/message-in-a-bottle/.

这就是为什么2008年丽塔·麦克格兰斯（Rita McGrath）在其著作《竞争优势的终结》（*The End of Competitive Advantage*）中一语切中要害。这个书名听起来就像一记耳光，打在经典商业战略理论的脸上——这是有理有据的。麦克格兰斯女士说的是，在不断加速的现代商业世界里，指望找到一个不能被迅速复制的差异化要点是不现实的。"可持续竞争优势"变成了一个圣杯——你不可能找到这个圣杯，但却有可能会花时间去寻找，这本身就是完全没有意义的。

这是否意味着一切都变得"同质化"，这样一个让现代商业感到害怕的词汇？不，绝对不是。然而，差异化的关键不在于做大，而在于快速做出改变。通过不断修改界面，教会产品向客户学习，实现自我定制，培育围绕产品不断发展的生态系统，你就能保持差异化——只要你尽最大努力去进化，这种差异化就能持续。当你想停下来"坐收成熟果实"的那一刻，你就开始变得"同质化"了。这就是15年前曾经属于数字前沿的移动通信行业的遭遇。为了规避风险，数字独角兽公司几乎是实时开发其产品。例如，脸书每天两次在网上发布新代码（这就是主要数字企业发布新版本的频率）。

你不仅要改善产品，还要改进你改善产品的方式，然后还要再改进你的方式。只有这样，你才能将一条随着时间推移打造质量的直线，改造成越来越陡峭的指数型增长曲线。这种质量会转化为用户指标——对速度的要求越来越高。要想以直线增长的速度吸收用户,你需要 x^2 的改进速度;要想有指数型(x^2)的用户增长,就不能低于 x^4 的改进速度(再改进你之前改善产品的方式)。

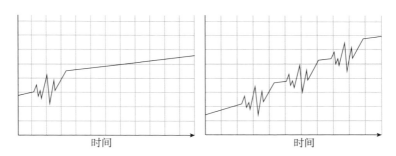

图 2.6　犀牛以变求稳,独角兽将多变作为其战略基础

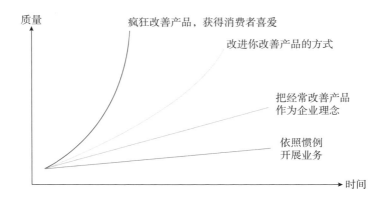

图 2.7　不同改进程度带来的质量变化速度

如果你只是依照惯例开展业务,时间长了质量就会慢慢提

高。如果你接受要经常改善产品这一理念，你可以让质量的直线爬升得更陡峭。要想在这一方面实现指数化，你需要改进你经常改善产品的方法。要想成为真正的领导者，你需要将改进的过程也加以改进。这听起来很疯狂，但事实确实如此。

正如亚马逊的首席执行官兼创始人杰夫·贝佐斯所说，"在当今这个动荡的年代，除了再创造以外，没有别的出路。你所拥有的唯一能保持住的竞争优势就是你的敏锐性。无论你创造了什么东西，都会被别人复制了去"。

独角兽企业可以承受致命打击

如果要采取经常做出变化的策略，在这一过程中，就可能会犯下大错。这是犀牛企业和独角兽企业所采取的做法的另一个核心区别。一想到自己会做错什么事情，犀牛企业就会感到害怕。虽然它们拥有强大的市场实力、深厚的财力，还认为自己拥有客户和员工的忠诚度，但它们害怕犯下细小的错误。像"新可乐"这个例子就是一次灾难性的尝试，可口可乐试图引入改进的产品配方，在引发消费者的负面反应后，便将其迅速撤回，这一尝试变成了企业传说中的一部分——只提供了一个教训："永远不要想着去动一个行之有效的东西。"

对于看起来像是灾难性错误的事情，独角兽企业有时看起来特别无所谓。2011 年，网飞推出了新的服务计划，大幅提高了其核心服务 DVD 租赁业务的价格。有 80 万客户几乎立即离开了公司，造成了一波不良公关。媒体当时写出了《网飞出师不利：自新可乐以来最糟糕的产品发布？》(*Qwikster From Netflix：The Worst Product Launch Since New Coke?*) 一文①。网飞股价开始下跌。公司有反应吗？在某种意义上，网飞的确做出了反应——它进行了一轮风险投资，筹集了 4 亿美元的债务。这让股东们更加紧张，公司也没有马上对这一举动

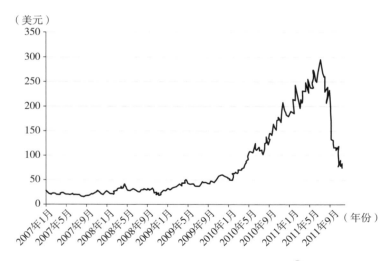

数据来源：《商业内幕》2011 年 11 月 11 日的"今日图表"。②

图 2.8　2007—2011 年网飞股票价格

---

① http://mashable.com/2011/09/19/qwikster-netflix-fail/#wA0mxO_rx5q5
② http://www.businessinsider.com/chart-of-the-day-netflix-2011-11

做出解释，但市场都怀疑网飞可能遇上了很大的财务问题。网飞股价如自由落体般跌落，在2011年秋季短短3个月内，网飞失去了约70%的市值。

网飞在乎这件事吗？如果它在乎，它应该会选择悄悄地做这件事。浏览一下这段时间内网飞的新闻发布稿——没有提到有什么大事发生。"网飞和米拉麦克斯影业公司（Miramax）宣布在英国和爱尔兰达成流媒体协议"或"网飞加大对安卓智能手机和平板电脑的支持力度"——在网飞看来，这才是重要的新闻[①]。当可口可乐知道了推出新可乐所带来的挑战后，可口可乐迅速扭转了整个事件，向受干扰的公众致以诚挚的歉意。而网飞则不然，它从未承认自己做错了什么，没有高管因此被辞退，如果股东选择恐慌，那是他们自己的问题。网飞只是执行其战略，从DVD租赁转向流媒体和自己生产视频。两年后，一些观察家开始谈论"转机"。到2013年底，这个事实被媒体广泛接受。网飞的态度其实并没有改变，是市场和媒体自己做出了改变——主要是为了自己。

这种态度与我们所讲的强势决定的冒险文化密切相关。用亚马逊首席执行官杰夫·贝佐斯在谈及亚马逊推出的不太成功的Fire手机（见案例2.6）时的富有特色的话语来说："如果

---

① https://media.netflix.com/en/press-releases/archive/2011/11.

你认为这是一个很大的失败,我们现在正在研究更大的失败。我不是在开玩笑。而其中一些失败,会让 Fire 手机的失败看起来像一朵小小的水花。"①

案例 2.6　亚马逊 Fire 智能手机:一次市场上的失手

在 2014 年,亚马逊推出了自己版本的智能手机,亚马逊 Fire,该手机是非常成功的 Kindle Fire 电子阅读设备的延伸。这款手机有一些革命性的功能,比如"动态视角",在 4 个摄像头和 1 个陀螺仪的帮助下,给用户界面增加了 3D 的视觉感受。这款手机的设计还包括一个"购买"按钮,这应该是为了让用户能够无缝地进行移动购物。两种合约版本的设备售价分别为 199 美元和 299 美元,解锁版的售价为 650 美元。这个定价水平清楚地表明了亚马逊的野心:要与苹果和高端安卓品牌(如三星)在同一细分市场上竞争。作为该类别市场的新进入者,亚马逊很可能依靠其品牌的力量,在美国和海外拥有数千万固定顾客。

6 周后,有明显的迹象表明,手机销售出现了问题:合约

---

① http://www.businessinsider.com/jeff-bezos-why-fire-phone-was-a-good-thing-2016-5.

版手机的价格一下子就降到 99 美分（对于已经花了两三百美元购买手机的最忠实的客户而言，这可不是什么惊喜）。解锁版的价格分几步降低，最终在 2015 年 8 月设定为 130 美元。几天后，这款手机就彻底退出了市场。

亚马逊没有直接披露在这次失败中损失的金额，然而媒体推测其成本应在数亿美元①。这也严重打击了亚马逊在客户中的形象，因为他们给这款手机的评分为 2.6 分（满分是 5 分），这个尴尬的数字在亚马逊网站上公开。关于失败的原因，曾有过一场详细的讨论。有些人提到了手机的设计非常普通，有些人说"购买"按钮看起来有点强买强卖，总的来说，该设备没有带来真正的客户价值。与 iPhone 不仅彻底改变了智能手机的用户界面，还创造了全新的应用进入方式不同，亚马逊 Fire 是一个强加给市场的小玩意儿。可能亚马逊最大的错误，是它把赌注压在了客户忠诚度上。人们应该吸取的惨痛教训是，在数字时代，即使是数字领军企业也从来没有"主宰"过自己的客户。不过，令人惊奇的是，这件事并没有伤害到公司内部的士气（至少杰夫·贝佐斯是这么说的），而且对市值的影响时间也极短（大约在大家都明白 Fire 手机是个失败品的时候，亚马逊的市值又开始明显增长）。

---

① http://fortune.com/2014/09/29/why-amazons-fire-phone-failed/.

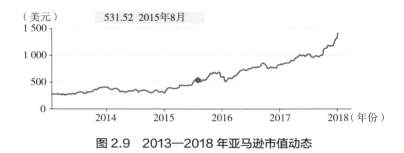

图 2.9　2013—2018 年亚马逊市值动态

网飞和亚马逊的例子让我们意识到，经营一个独角兽公司需要勇气。你无法预知未来，但你可以创造未来。不是每一次的尝试都会成功，然而如果没有非常认真的尝试，你就不可能成功。其实在独角兽企业大胆建设未来的时候，它们并不称之为"尝试"。这个词给你的感觉是，只要出了问题，你就可以让自己从中抽身，这种感觉会让你不认真对待这件事，因而也不会拿出十足的努力。"我们努力了，但没有成功，因为市场还没有准备好"——这是失败者给自己找的理由。数字领军企业不是失败者，所以它们不会去做"尝试"。它们会做很多实验，当它们做一些战略性的事情时，会全心全意地去做，直到它们知道如果再继续做这件事情会带来负面影响。但它们是怎么知道这个关键节点的呢？可能这就是它们最大的秘密，能解决"何时投入，何时撬动支点"的难题。

案例 2.7 你永远不能"主宰"一个消费者

从网飞和亚马逊的故事中,我们还可以吸取另一个教训:不要妄想"主宰"一个消费者。在数字时代,顾客在做选择的时候越来越挑剔,他们很清楚,每个企业都想要从自己身上挣钱,他们学会了非常有效地利用这种市场力量。互联网对大多数企业造成了一个影响——它摧毁了经济学家所说的"信息不对称"。在不久前,人们经常会去特定的地方购买东西,只是因为他不确定在其他地方会有更好的交易——而寻找的过程也需要耗费时间和精力。而在现在这个世界上,几乎每一笔交易都可以立即与世界各地的报价进行对比,假设客户可能不知道某些事情是一个糟糕的商业策略。

还记得20世纪90年代我们是如何选购度假套餐的吗?你走进一家旅行社——你还要花一些力气去选一家旅行社——半小时后,你就拿到了一包机票、酒店券、接送券、游览券,甚至还可能拿到一张美国运通公司的账单。客户走出的第一步,是最关键的一步,大部分的营销策略都是为了保证这一步的方向是正确的。"只有把人带到展厅,我们才能把车卖给他们",汽车制造商曾经向广告公司这么说过。

如今,"客户旅程"变了。如果你拥有一个旅游网站,你看到一个游客点击进入了你的网站,但你做成这笔生意的机会真的很小。不是因为你的报价不好,也不是因为你的界面有问题,原因很简单:你网站的绝大多数访客都"只是来浏览网页"而已。他们可能有自己的动机和意图,反正他们访问你的页面不需要付出任何成本。你甚至不会知道——甚至永远都不会知道——你是不是长长的搜索结果列表中的第一个。而且很少有人会购买任何形式的"套餐",一个数字客户总想确保自己在假期计划的每个项目上都得到最划算的交易。即使你销售机票有优势,但在销售酒店客房方面,你的优势可能很小——甚至没有这方面的优势,反之亦然。

所以,不要试图"主宰"一个客户,不要想着销售套餐。只有把利润分出去,你才能成功。这种想法让犀牛企业很不舒服。"我们必须成为服务于××的××品牌",其他的营销策略都是这样说的。独角兽企业似乎可以接受自己是一种固定关系中的一部分。谷歌和脸书确实在争夺广告费,然而其战略目标绝不会是让自己成为客户营销计划中唯一的广告媒体。这个野心是不现实的,追求这一目标只会白白消耗资源。这种对"一夫多妻制"的理解,使得数字化领军企业能够结成联盟,联合开发技术——比如谷歌、微软、亚马逊和苹果展开的不可思议的合作关系，旨在为公益事业开发人工智能[①]。

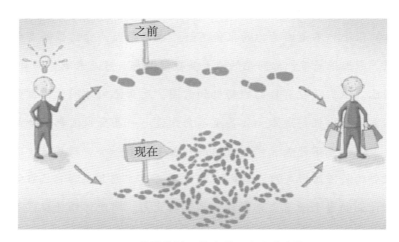

图 2.10　传统营销和数字世界中的客户旅程

犀牛企业过去常常争先恐后地开始一段旅程，这段旅程是相当线性的，而且依赖于路径。独角兽企业知道如何为了一段混乱而反复的旅程的最终目标而竞争。

独角兽企业比犀牛企业更卓越的 8 个方面组合成了一个整体的方案，实现了企业的自我强化。由于发展稳健，你可以让投资者接受你的规则；你的投资者关系可以让你有更大的现金流，你的资产更少，自由现金更多；你的业务运营更精简，这

---

① https://www.forbes.com/sites/aarontilley/2017/01/27/why-apple-joined-rivals-amazon-google-microsoft-in-aipartnership/#517535115832.

得益于热情和敏捷的组织支持；你能够做出强势决策；通过经常做出变化，你可以一直专注于在竞争中给客户提供价值，获得稳健的基础。

图 2.11　独角兽企业的 8 个优势方面相互加强，形成良性循环

第二节　自然选择助独角兽企业一臂之力

独角兽企业是如何学会做这些事情的？当你试图向成功的独角兽企业学习时，你应该记住一件事：你现在看到的企业，是经过现代企业最严格的自然选择后留下的硕果。有时，犀牛企业管理者会被关于独角兽企业轻松运营的神话所迷惑。健身房、可以带宠物上班的办公室、幼儿园和寿司店——这些关于

企业设施的报道，看起来让人感觉顶级数字公司的员工像是生活在某种度假胜地，甚至可以在工作的地方做水中健身操，每天只需要花几个小时完成例行工作。

现实情况远非如此。事实上，独角兽企业的经营环境，比犀牛企业想象的要更加恶劣、更加残酷，企业破产率也很高，数字业务的爬坡比传统业务难得多。在2 095家市值在10亿美元以上的纽交所公司中，超过2%（49家）的公司市值超过1 000亿美元，近1/4的公司市值在100亿美元以上。纳斯达克是传统上与高科技相关的指数，给人的感觉是竞争更加激烈：1.2%公司的市值超过1 000亿美元，14%公司的市值超过100亿美元。那真正的"独角兽企业"的数据呢？只有7.4%的公司市值超过了100亿美元，没有一个公司超过1 000亿美元。

就像中世纪的神话一样，独角兽企业在数字世界中并没有真正共存，它们争得面红耳赤，只有适者才能生存。在努力为员工提供一些不同寻常的舒适办公环境的背后，有着朴素的实用主义考量——否则他们很可能会因为竞争压力过大而疯掉。

表 2.3　上市公司与独角兽企业市值对比

	纽交所（%）	纳斯达克（%）	独角兽企业（%）
>1 000 亿美元	2.3	1.2	
>100 亿美元	24.0	14.1	7.4
>10 亿美元	73.7	84.7	92.6
	100.0	100.0	100.0

当然，我们应该记住，道琼斯指数中最年轻的公司都已经 30 岁了[①]，榜单上的公司平均有 111 年左右的历史，而我们知道的独角兽企业大多只有 10 年左右的历史。纽交所的"山丘"形状几乎反映了 20 世纪中期市场的现实：寡头垄断的俱乐部，新企业难以进入，但里面的企业却对彼此彬彬有礼。时代肯定发生了变化。

独角兽企业并非来自不同的星球，它们和犀牛企业的工作环境是一样的。它们采取的不同措施和运营方式，并非出于离经叛道，而是为了从根本上做得更好。这对犀牛企业来说是一个很不舒服的见解，它们通常会称赞自己是"在一个疯狂的世界里的理智和正确"。但它们并不理智，它们脱离了环境。然而有一个好消息：由于数字独角兽企业也是真实存在的企业，

---

① 道琼斯对此引以为傲，认为这是一个与近代经济发展同步的信号。https://www.fool.com/investing/general/2014/05/14/5-fascinating-facts-about-the-dow-jones-industrial.aspx.

犀牛企业可以有意义地向其学习。这些学习将拯救犀牛企业的生命，让它们在市场上保留一席之地。学成以后的犀牛企业将能够对抗一些激烈且具有破坏性的新竞争。然而，学习的过程本身就不容易。

　　……受惊的犀牛准备采取行动。它想继续过它的幸福生活，它想捍卫自己心爱的牧场。它明白，为了在独角兽的攻击中存活下来并展开反击，自己要学会独角兽的一些能力。犀牛开始规划一个改变的计划，但它不知道的是，许多犀牛已经尝试过这样做——而且失败了。这些犀牛掉进了一个"致命陷阱"。

第三章

数字化转型的错误方式

第一节 数字化转型中的"致命陷阱"

世界上没有一家犀牛企业愿意坐以待毙,坐等数字颠覆者吞掉它的业务。每一个迫切想要找到应对方案的犀牛企业首席执行官都明白变革的必要性,并做好了为变革投入资源的准备。但即便做了万全的准备,也没人敢称变革最终能够取得预期的成效。我们在不同的地区和领域,各类不同的行业,见过太多用心良苦和精心设计的数字化转型项目最终惨淡收场。这是因为试图转型的犀牛企业,大多都掉进了七大陷阱中的某一个。

对犀牛企业而言,数字化转型的陷阱是什么?它是指客观上导致一个合理的、管理良好的变革举措最终失败的各种情况的组合。有时候，掉进陷阱并不意味着犀牛企业犯下了明显的决策错误，恰恰相反，哪怕犀牛企业严格遵循符合逻辑和精心设计的发展轨迹，也无法躲开这些陷阱，这些难以避开的陷阱显得尤为危险。

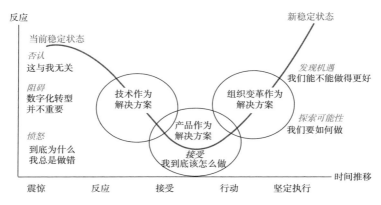

图 3.1 反应流程时间进度

让我们再次回顾应对市场变化的反应曲线图（如图 3.1）。犀牛企业通常在了解变革现象的真正范围，并认可变革的需求之前，就开始试图以某种方式适应新的现实。在"阻碍"和"愤怒"这两个阶段的某个点上，犀牛企业会首次尝试做出反应。它们首先试图通过技术手段来适应变革，例如"数字化转型不就是要使用数字系统吗？没问题，我们几十年前就已经采用了现代的信息技术解决方案"。在这里，犀牛企业掉进了数字化转型道路上的前两个陷阱：照搬其他企业尝试过且"行不通"的路子，以及拒绝把所有鸡蛋放在一个篮子里。

然而技术并不能解决数字化转型带来的挑战，并恰好与应对独角兽企业竞争挑战的正确方法背道而驰。虽然犀牛企业迟早会明白这一点，但它们现在正处于反应曲线的接受阶段。它们或许需要克服精神上的痛苦，才能够认识到新的竞争的确能够给顾客带来好处。在技术应对的解决方案失败之后，犀牛企业进而寻求改进产品。这是一个好主意，对于新的市场进入者来说是可行的。然而犀牛企业往往与它的商业遗产捆绑在一起。因此这个做法，会导致它再次掉进两个新的陷阱：一个是协同效应的陷阱，另一个是试图充当未来世界终极规划者的陷阱。

当犀牛企业发现通过产品的创新，依然不能解决新出现的竞争挑战问题时，它就会意识到问题的核心在哪儿，于是转而寻求能够实现整个运营流程变革的方法，改变企业组织行事的方式。到了这一步，犀牛企业终于开始踏上了解决问题和应对挑战的正确道路，但前方仍存在重重陷阱：无论它们看起来具备多么丰富的行业经验，犀牛企业依然倾向于依赖外部的帮助，并试图通过收购独角兽企业来实现自身的数字化变革。

成功地闯过了这三个阶段陷阱的犀牛企业，终于杀出独角兽企业的重重围困，但离通关游戏尚遥遥无期，不少被誉为数字化时代成功转型典范的犀牛企业，转身就掉进了成功之后骄傲自满的陷阱，至今难以脱困。

因此，一定要牢记，在实现数字化和智慧转型的道路上，存在七个致命的陷阱。同时也要明白，一家犀牛企业想要转型成为独角兽企业，就相当于在一个对其而言全新的，甚至是充满敌意的世界里，杀出一条全新的路子。犀牛企业历史悠久的积累、提升效率独有的既定结构和竞争方式，都变成了它们的软肋和弱点。为了避开这些致命的陷阱，犀牛企业中主导转型的领导者，需要具备超乎寻常的敏感性，能够提前感知早期存在的错误警示信号。下面的论述，分析了犀牛企业转型过程中可能遭遇危险的主要领域、危险出现的原因以及避开危险的可行方法。

阶段	反应阶段：以技术方案为解决方案	接受阶段：以产品个性为解决方案	行动阶段：以组织变革为解决方案	执行与坚守
陷阱	•我们照搬其他企业尝试过的路子 •不要把所有鸡蛋放在一个篮子里	•追求协同效应 •我绝不逊色于史蒂夫·乔布斯	•外聘职业顾问能够帮助我们成功转型 •收购独角兽企业来实现转型	•成功

图 3.2 犀牛企业实现数字化转型的各阶段及陷阱

陷阱1:"我们照搬其他企业尝试过的路子"

对大多数人来说,选择其他企业尝试过并获得成熟效果的做法,是一种趋利避害的本能。事实上,哪怕是最具冒险精神的人,也会经常走捷径。因为这能够帮助我们节省时间和精力,甚至是金钱。最近的研究清楚地表明,传统的犀牛企业往往只投资于最成熟的数字技术①。出于这个原因,几十年来,关于商业中"先发优/劣势"与"后发优/劣势"的讨论,

---

① https://www.mckinsey.com/business-functions/digital-mckinsey/our-insights/how-digital-reinventors-are- pulling-away-from-the-pack.

已经产生了大量的研究和结论。

如果深入地研究我们所熟知的市场品牌的历史，你就会发现，它们中的大多数都不是所谓的"先行者"。在数字市场，谷歌不是第一家搜索引擎公司，脸书和推特也是在一连串的社交媒体网站之后出现的，苹果也只是将 iPhone 引入一个大牌云集、竞争激烈的手机市场……例子不胜枚举。事实上，当前大多数的市场领导者，都不是所处行业的先驱者。作为世界上最大的汽车制造商，丰田汽车在 20 世纪 60 年代才登上国际舞台，彼时通用汽车和福特汽车已经在全球站稳脚跟。在消费电子市场上占据国际霸主地位的三星，相较于一些老牌企业，也只不过是这个细分市场领域的年轻玩家。即便是在创新速度相对保守的食品饮料行业，排名第一的雀巢（1905 年）和排名第二的百事可乐（1898 年），创始时间也晚于排名第三的可口可乐（1892 年）和排名第四的卡夫亨氏（1869 年）。

所以，为什么不干脆花点时间，顶住数字化转型的紧迫压力，等到市场上一些更勇敢的企业去试错之后再采取行动呢？在先行者试错之后，那些更聪明、更有耐心的企业，或许会得到一份切实可行的成功建议或避雷清单，从而避免不必要的资源浪费。这种思维方式，后来被具化为所谓的"追随者策略"。一些研究的结果表明，高达 61% 的企业，将"追随者策略"视为提升数字化领导力的有效战略[1]。

但事实上,简单地浏览一下 2010 年以来关于数字化转型的商业文献,我们几乎找不到明确表示支持"追随者策略"的论述,反而有可能找到抨击和谴责这一做法的许多文章[2]。这里就出现了一个奇怪的悖论——为什么一个在理论层面几乎得不到任何支持的思维方式,能够在现实的商业世界中如此风行、大行其道?

支持"追随者策略"的人,或许会以前文提到的例子作为驳斥的例证。比如,如果谷歌、脸书或推特这样在数字业务领域一家独大的行业巨头,看起来就是追随者,难道这还不足以说明"追随者策略"的有效性吗?他们或许还会提到,现在所有能够创造巨大媒体影响力的数字产物,不过是被营销大军用来完成年度销售目标的工具,根本不能真正解决客户面临的业务问题,在这一点上,他们的理解是正确的。鉴于没有哪家企业具备测试或推广所有创新成果的资金,因此,在小范围内试点实验,再推广真正有效的方法,是真正的数字化领导者倾向于使用的商业做法。

---

[1] https://thebusinessleader.co.uk/2015/05/28/can-you-be-a-digital-follower/.
[2] 典型案例信息见 https://www.forbes.com/sites/oracle/2016/06/02/why-fast-follower-is-yesterdays- tech-and-business-strategy/#3803e5491bb3.

导致这种错误思路的一个原因是：它把技术问题放在高于企业转型之上的地位，这将导致企业陷入一种裹足不前的困境。对于一个政治化的、存在很多倾向于规避风险的高层的大企业而言，"概念验证"的成功证据还不足够有信服力。为此，在数字化转型的尝试过程中，此类犀牛企业很可能会开展一连串犹豫不决的实验性尝试，而这种既无法给出"肯定"信号，也无法给出"否定"结果的尝试，不仅会浪费宝贵的时间，也会消磨改革者的激情与士气，并导致企业内部的数字化变革怀疑论者日益占据上风。

比如谷歌和脸书，虽然经常被拿来论证"追随者策略"是成功的，但二者事实上与企业的数字化转型没有任何关系，因为这些公司并没有实现任何东西的转型，它们天生就是"数字型企业"。没有哪家企业，可以凭借快速跟进其他企业的做法而实现成功的数字化转型，因为作为一个商业整体，每一家公司都是独一无二的，就像每个人都是独一无二的个体那样。在面临紧迫的数字化转型的当口，选择等待其他企业提供成功的案例或方法，实际上就是在拖延时间。相信我们每个有拖延症习惯的人，都曾试图绞尽脑汁找理由逃避那些真正应该被完成的事情，都在生活中有过类似的拖延体验。无论是养成更健康的生活方式，或是写完一本书的某个章节内容，都好过跑到脸书上去跟朋友聊天（无论这个对话是否真的很重要)。

零售金融行业或许是一个很好的例子。利用数字技术，对潜在贷款人的信用价值进行更精细的分析和评级的想法，已经流行了好几年。对社交媒体用户网络上的活动数据进行分析，看起来尤为有趣，因为这些数据提供了关于一个人的习惯、生活方式和人际关系等丰富的信息。基于这些数据的成功信用评分模型，将促进金融包容性的发展，让那些没有信用记录或相关记录很少的人（包括年轻的消费者），有更多的机会使用现代的金融工具。事实上，全球已经有几十家公司在探索相关技术，其中不乏取得成功的案例，比如德国的 Kreditech[①]、俄罗斯的 Scorista[②] 和新加坡的 Lenddo[③]。一些银行也宣布对该技术感兴趣，并正在推出"概念验证"项目，然而这些至今还没有

---

① 成立于 2012 年的 Kreditech 以提供便捷、快速、全线上的小额贷款而闻名，曾是德国信贷金融科技领域的新星，在 2014 年曾创下德国金融科技史上最大的一笔融资，在 2015 年成为《福布斯》"下一个 10 亿美元初创企业"名单上唯一的德国公司。而由于公司战略转型及经营原因，在 2020 年新冠肺炎疫情的影响下，Kreditech 于 2020 年 9 月向德国政府提交了"初步破产"申请，此前公司估值已达 4.8 亿欧元。——译者注
② Scorista 提供的是一种非银行贷款风险管理的新理念，从建模和评分到即时信贷决策（批准或拒绝信贷），通过不断监测和调整信贷组合，做一切能做的事以获得快速、稳定的结果。——译者注
③ Lenddo 成立于 2011 年，采用社媒及智能手机记录等非传统数据探明用户金融状况稳定性，在 2015 年开始将其技术面向第三方开放，如今在菲律宾、印度、韩国、墨西哥及哥伦比亚均有业务。——译者注

出现成功的案例。

这些尝试没有取得成功的原因很简单：银行将新的信用评分方式视为一种技术，用于修补现有的经过市场检验的信用评价体系。银行不可能用数字化的信用评价模型，取代传统的评分模式并重新建立贷款审批流程。然后，依据预测的违约率数据判断，银行发现新技术实际上并没有给它们当前使用的信用评分系统带来明显的质量提升，随之而来的就是对这种做法的普遍失望。

这就是一个"经过尝试和验证的"陷阱的完美例子。银行原有的旧技术，在贷款核批的商业模式中，是完美的，即主要负责在提供贷款时，尽可能剔除高风险的选择。因此，拒绝一个潜在的好客户，在这个模式中从来不会被视为一个严重的错误。而引入一个旨在让更多人获得贷款的新体系，将会不可避免地与这个旧观点产生冲突。新的信用评分系统被用于完全错误的目的：继续拒绝潜在客户的贷款申请。因此，这个"概念验证"测试的结果远远无法令人信服，也就不足为奇。为此，银行宁可错过扩大潜在客户群的宝贵商机①，也要坚持使用传统的信用评价系统。

---

① 重要的是，新的信用评分系统旨在向更多在违约率方面拥有相同甚至更高质量贷款组合的客户提供贷款。一些数字金融科技公司的例子表明，这种扩张潜力巨大。

当然，这并不是说将企业数字化转型所需的技术变革，建立在市场已经运行并内部检验过的项目基础上，是完全不可行的。在转型的过程中，涉及具体的变革举措时，对前人的实践保持敏感，并从中学习经验教训，不失为一种有利的判断方式。企业绝对无须从零开始发明每一个微小的实践方法，但同时也应该秉持谨慎的借鉴态度。在大多数情况下，数字经济的领军企业，不会像传统企业那样，对自身的突破性变革项目进行"试验"，即经历小步骤、试点、监测投资回报率等流程。独角兽企业会进行大胆的押注。在草根的创新计划中，谷歌等数字行业巨头会大浪淘金，选出它们认为有机会成功的计划，然后投入 100% 的激励和足够的资源。我相信没人听说过 iPhone 和 Space X 的"营销测试"，这是因为真正伟大的创举，都是生而伟大，并伴随着"不成功便成仁"的巨大风险。

在这里，我们需要再次探讨犀牛企业对失败的容忍度问题。在数字化的商业世界里，坚持要先获得接近 100% 的成功率，再开始行动，是永远都不会成功的。在创新和变革的文化中，允许失败并知道如何从中积累经验教训、自身主动试错，比批判性地分析他人的尝试要重要得多。从自身的实践中，犀牛企业能够学到更多的经验教训，能够创建更强大的团队，建立更好的商业流程，并积累一个概念库，在更好的商业窗口机会来临之际，可以直接取用并投入实践。

只是观摩同行的失败或成功，永远不会带来这些经验。因为在观摩的情况下，你能看到的只是它们做了什么（并且总是会存在一定程度的信息扭曲），但却会错过如何做的细节。而恰好是这些被忽视的细节，隐藏了导致数字化转型实践失败的因素。为此，犀牛企业永远都不可能从其他企业的错误中，学到真正的经验。

如何避免"尝试并测试过的"陷阱？就像解决所有类型的拖延症那样，答案听起来很容易：停止寻找各种各样的借口，下定决心采取转型真正需要的变革行动，然后执行。但就像所有拖延症的改正过程那样，说起来容易做起来难。犀牛企业需要真正的决心和承诺，而且首先要从高层开始。然后，整个企业需要从上至下地反复推动切实的转型行动。

陷阱2："不要把所有鸡蛋放在一个篮子里"

这是所有常见的商业智慧中知名度最高的一个。关于这个商业智慧相关的信息，仅谷歌浏览器，就能够提供超过300万个检索的结果和链接。一代又一代的投资者都是在分散投资组合的黄金定律下成长起来的，这就是为何我们发现大多数犀牛企业的首席执行官，会对他们的数字团队说："我觉得你们的提议的确有价值，然而，用你们自己的话来说，我们无法预测这些举措的结果。所以，我们为什么要把所有的鸡蛋都放在一个篮子里呢？我们最好先测试整个项目组合，然后从中选出最优的项目。"

这听起来是一个聪明的做法，毕竟大多数数字领导者也正在这么做：培育大量创新计划，达到一定成熟阶段，再选择一些进行押注投资。

对于各种各样的供应商来说，无论是软件的、硬件的，还是提供打包数字服务的，这无疑是最好的商业机遇。对这些数字产品供应商而言，犀牛企业缺乏明确的愿景和决心，反而为它们提供了跨产品线销售的机会。各大供应商的"布道者"，经常跑到犀牛企业去宣扬各种能够帮助它们实现数字化转型的解决方案。但事实证明，这些供应商提供的解决方案，只解决了技术层面的问题，没有解决商业层面的问题。最后，这些安装了大量数字技术产品的犀牛企业，却没有取得明显的成效。此外，由于缺乏企业高层的强势推动，这些项目在犀牛企业内部都处于一种"半资源＋半强制"的状态。最后，就像"尝试并测试过的"陷阱那样，这些小规模的转型尝试，也没有在领导层面获得明确的"行得通/行不通"定论。

在大多数情况下，对于犀牛企业来说，分散数字化的风险，只是解决前面"尝试并测试过的"陷阱中存在的拖延症的另一种方法。造成拖延症的原因，一是公司高层的优柔寡断，二是对数字化转型的全球力量究竟如何运作，缺乏理解和远见。麦肯锡一项关于数字化的调查，研究了数字化对一些全球最大企业的重要性，调查的结果就说明了这一点。在调查中，最常见的答案是"它（指'数字化'）在我们企业的十大优先事项中"。不幸的是，排在前 10 名（甚至前 3 名），实际上意味着这件事根本不具有优先性。告诉员工某事处于"前 × 名"的优先级，实际上传递的信号是：一些不重要的事情正在发生。

通过分散风险来拖延，看起来似乎比等待别人为自己承担这些风险的拖延要好一些。但是当犀牛企业愿意亲自实践时，它们就能够积累经验和教训。整个企业的数字化转型支持者，能够通过多种举措的实践，甚至是小举措的实践，积累数字化转型的经验。不幸的是，在大多数情况下，它们在实践后，反而变成了怀疑和反对数字化转型的人。切切实实的尝试和实践，反而容易暴露在攻击之下。在企业内部，这种做法可能是毁灭性的：数字化转型的支持者会逐渐对小打小闹的尝试感到失望和厌倦，因为他们知道，即使他们赢得了小规模的战斗，他们也没有机会赢得全面胜利。而数字怀疑论者，则有效地运用了20世纪30年代毛泽东提出的军队战术："敌进我退，敌营我扰，敌疲我攻，敌退我追。"不幸的是，这个案例中的敌人是数字化转型所必需的企业整体性变革。

而被"不要把所有鸡蛋放在一个篮子里"的陷阱套得死死的一个重要行业，就是保险业，尤其是人寿保险。从某种意义上说，分散风险本身是保险行业的一个基因，然而它在这方面进行数字化转型的方式，显然是有缺陷的。人寿保险可谓商业世界中最保守的行业之一。在保险行业，很多公司的历史可以追溯到19世纪中叶，甚至18世纪，它们因此而感到自豪。在漫长的历史发展进程中，人寿保险将两个业务做到极致，即预测每个客户的预期寿命，以及建立长期金融资产组合。这个金融组合，将在客户的寿命期限内，给保险公司带来颇为丰厚的利润。保险公司为客户提供的价值是意外灾难的财务保障，并帮助客户进行超长期的储蓄。保险公司一直秉持的信念是，漂亮的投资回报率和一定的税收优惠相结合就足以将客户留下。同时，保险公司的利润率足够高，使其能够给保险的销售代理——无论是专门的个人销售员还是代理公司，或是其他的金融机构（主要是银行）——提供非常慷慨的佣金。几十年来，保险行业已经形成了一个非常高效，但又非常昂贵的中介生态系统。

然而，风云变幻，没有哪个行业可以一帆风顺地发展。2007—2008年的金融动荡给人寿保险带来了非常严重的打击。一方面，金融市场的下跌，导致保险公司损失了大量的资金。另一方面，金融业的普遍洗牌和新的监管规则，导致保险行业提供的收益，相较于银行和互惠基金的税收优势，对消费者来说不再重要。仿佛一夜之间，整个保险行业发现自己陷入了一场异常艰难的斗争，并且是在几乎毫无准备的情况下迎战。保险公司的客户，声称需要更大的交易透明度，这实际上意味着客户希望投资的钱能够带来更多的收益或更大价值。而销售保险的昂贵佣金和金融市场利润率的突然萎缩，是整个保险行业都需要应对的挑战。

此外，购买保险的客户转向数字媒体进行不同产品的比较。一项调查显示，71%的欧洲保险客户，在购买保单之前，都会进行线上的研究和对比[1]。在数字时代之前，保险行业一直小心翼翼地维持着某种程度的信息垄断。即使是现在，在保险公司的网页上，客户很可能依然无法找到明确的费率计划。最保守的保险公司，可能会玩"请提供详细资料，我们会给您致电报价"的把戏，而更与时俱进的保险公司，会在网页

---

[1] 参见普华永道年报。

上给客户提供一个在线计算器，这对于许多其他行业来说，可能是一个微不足道的举措，但对于人寿保险业务来说，可谓是一场革命。紧随其后的是线上保险产品的比较服务。保险代理人的生态系统，也开始从"单一绑定"（即只为一家保险公司提供服务）发展到"多家绑定"（即同时为多家保险公司提供服务，并为客户提供如何在不同保险公司的套餐之间进行选择的建议）。

总而言之，整个保险行业看起来已经为数字化转型做好了准备，并看起来是推动彻底的数字化改造的最理想行业，原因是：保险政策不涉及任何实物内容，因此不存在产品创新的限制。此外，与银行业不同，保险行业的产品结构和交付方式，面临的监管要少得多。

但保险行业也存在一个明显的问题，即缺乏客户的理解和信任。这个问题导致的后果也十分明显：大多数欧洲保险市场的人均保费停滞不前，甚至出现了下跌的趋势。而且，标志保险行业系统性失败的事件已经发生：20世纪90年代的日本人寿保险行业，在短短不到10年的时间内，从世界上最赚钱的一个市场，变成世界上公认问题最严重的市场。这些情况无异于大声向保险大佬们喊话："数字化转型！从客户价值出发！"

然而，根据贝恩咨询公司的分析，只有6%的保险公司选择了"以客户为中心"的转型路线。相比之下，31%的保险公司选择成为"先进的分析者",11%的保险公司选择成为"有效的经营者"。后两种保险公司虽然声称采取了深度内部变革的方式,但实际上只是将一些技术投入几个世纪以来一直沿袭的惯例中。另有20%的保险公司决定做"数字分销商",考虑到不断飙升的雇佣传统代理的分销成本,这个思路似乎也很有意义。不幸的是,在数字世界里,只有切实建立了真正的价值,才有可能实现成功的"分销"。只要保险的"数字分销商"实际上销售的还是老一套的东西(在大多数情况下换汤不换药),那么所谓的转型就没有解决保险业真正面临的问题。

最后,有21%的保险企业"没有明确的转型路径"。这些数据事实上很符合保险行业的特色,也是"不要把所有鸡蛋放在一个篮子里"的做法的纯粹体现。一家保险公司,如果缺乏自身的商业愿景,即便雇用了外部供应商来运行其数字化转型,也很少获得成功。2016年,全球最大的一家保险公司宣布与一家世界顶级信息技术厂商建立"战略联盟"。正如新闻稿中所说的那样,此次结盟的目标是:"我们确信这种合作关系将成为我们分销体验的转折点,推动卓越运营和产品创新,并为员工提供一致的工作场所体验[①]。"当然,结盟的结果"尚未盖棺定

---

① 忠利保险集团首席信息和数字官布鲁斯·霍奇斯。https://www.generali.com/media/press- releases/all/2016/Generali-and-Microsoft-announce-a-partnership-for-Digital-Business-Transformation.

论"，然而它们联合行动的焦点，似乎明确地忽略了保险行业目前正在经历的关键问题，即如何建立独特的客户价值。

如何避免"不要把所有鸡蛋放在一个篮子里"的陷阱？事实上，与"尝试并测试过的"陷阱类似，弄清楚具体的数字化项目与行业整体的数字化转型之间的区别非常重要。数字化原生企业几乎可以运行无限数量的创新举措组合，但这不应该被视为犀牛企业数字化转型的指导性案例。独角兽企业本身不需要数字化转型，不需要经历这个巨大的挑战和痛苦的过程。对于独角兽企业来说，不停地产生创新的举措是其天生具备的生存模式。而对于犀牛企业来说，做同样的事情——产生一系列的小项目——是一种非常危险的拖延症做法。而且有些大的变革，不是通过小步的积累就能够实现的。为了避免落入这个陷阱，犀牛企业的高层管理人员应该从设定大胆而有魄力的转型愿景开始，并愿意承担实施该愿景可能带来的各类风险。

陷阱3："追求协同效应"

每一个伟大的商人，都善于寻找事半功倍的经营方法。犀牛企业之所以能够成功，是因为它们在历史的发展进程中的某个阶段，成功地部署了一种商业模式，提供了某些"外部效应",即确保资源组合在一起产生比资源单独运用更多的价值。

经济学家所说的"外部效应",在商业领域的常见表述是"协同效应",即所谓的"1+1>2"。这看起来虽然像一个不可思议的奇迹,但在工业化学中却是很常见的现象。例如,某些反应需要热能驱动,而其他设备则可能产生需要转移到其他地方的热能。为此,找到一个将二者结合运行的方法,具备明显的经济效益:一个过程产生的热能能够帮助实现另一个过程的转化。

同样的逻辑,在零售业中也发挥了重要作用:在把顾客吸引到一家杂货店之后,在这家商店里摆放运动器材并进行促销,就只需边际努力(变得更加轻松)。沃尔玛在全球零售业中的崛起,很大程度上得益于这个销售逻辑的应用。这也难怪每个大企业都将协同效应视为至高无上的圣杯。毕竟,找到协同效应之后,企业就能够在同样的成本基础上,创造更多的营业收入,从而实现竞争力的飞跃。

然而,就像每一个圣杯的搜寻过程那样,找到一个协同效应的难度,往往比企业最初的预期要高。正如一些批判协同效应的人指出的那样,"事实证明,协同效应是如此难以捉摸,以至于它几乎成了一种神话（就像圣杯那样）"[1]。当然，寻找神话对象本身，不会给企业带来破坏性效应，毕竟我们在本书的前面内容中，已经认可了此类举动，且我们描述的独角兽企业本身，也与神话概念相关。但如果企业开始依据某种尚未找到的神话，来规划和判断企业的大部分活动，问题就会出现。这就是犀牛企业在追逐协同效应时经常遭遇的困境。协同效应可谓无处不在，它会出现在会议室、头脑风暴和媒体发布会中。犀牛企业里的每个人都在说着"我们应该找到协同效应""我们根据交易的协同效应，评估交易的价值"等话语。然而，在很快能够找到协同效应的假设前提下，就交易进行谈判，并不是一个合理的商业操作。

当犀牛企业终于渡过了单纯摆弄技术的阶段，它们就会意识到，数字化转型真正需要的是关于产品的重大变革。到了这个阶段，犀牛企业就面临着三种不同的战略选择：一是在业务的核心范围内做出真正的变革；二是进军一个与当前业务关联较少的全新业务领域；三是进军一个与当前核心业务相近，但之前不在关注范围内的细分市场。第三种路线看起来光明一些，因为颠覆核心业务的风险太大，并且对公司目前尚未完全了解和研究的领域进行探索和变革，也存在很高的风险。因

---

[1] 史蒂夫·托巴克 CBS 报道。https: //www.cbsnews.com/news/the-business-synergy-myth/.

此，在当前核心业务的边缘地带打擦边球，看起来就成为一个稳妥的选择——因为犀牛企业已经具备了足够的能力，只需要扩大与客户和供应商的"足迹"，建立在这个擦边领域的市场力量，就能够利用现有的销售队伍的力量，且这些都是能够获得协同效应的领域。那么，这个做法真的有用吗？在大多数情况下，这是行不通的。

什么地方出了问题？通常情况下，寻找协同效应是一个新成立的数字团队的优先任务，无论这个数字团队是内部组建的还是在市场上并购得来的。协同效应将被纳入业务的关键业绩指标（KPI），作为提供必要资源的重要决策的评估标准。很多时候，财务经理都会提出一个表面上看起来很公平的想法：新业务必须承担相应的企业成本——新团队的相关"管理费用"应被计算和应用。而这种财务思路，从逻辑上讲也同样来自协同概念，即如果你从某件事情中受益，你就应该为此付出一些代价。

结果，新成立的数字业务陷入了进退两难的境地：其大部分的底线成本受制于外部控制，而其对顶线利润的追求也十分受限，因为它提出的每一个商业创意，在推入市场之前都需要通过协同效应的测试。那些符合前述条件的产品，或许在内部展示阶段显得很有前景，但却不能够获得客户的认可。与那些从零开始，且完全没有受限于"1+1=3"的固定观念的数字原生竞争者相比，这些新成立的数字团队的表现显得逊色。最终的结果就是：犀牛企业的数字部门，在市场上的表现十分平庸——甚至这个平庸的市场地位，都要依赖母公司的品牌力量来实现。更悲惨的是，它们追求的协同效应不仅未能实现，而且 1+1 最终只等于 1.5。

零售业提供了不少陷入"协同效应"陷阱的经典案例。基本上，沉迷于"数字渠道"与传统实体店的协同效应，是沃尔玛、塔吉特或巴诺书店等零售巨头无法与独角兽零售企业有效竞争的原因。这些实体零售巨头认为，如果它们在网上提供具有竞争力的价格水平和多样化的选择，许多顾客将远离实体购物，并对企业利润产生不利影响，导致一个经营效益恶化的循环。因此，它们试图找到那些实体商店提供的服务无法满足的顾客群体，并向他们提供与实体店基本相同的价格水平和种类。

直到收购 Jet.com，并给予其创始人兼首席执行官马克·洛尔充分的授权，要求其改变整个公司的数字化运营后，沃尔玛才终于有勇气与亚马逊进行价格竞争。在 2017 年的"网购星期一"，沃尔玛的价格平均只比亚马逊贵 0.3%，而一年前的价格差距是 3%。沃尔玛甚至在很多重要品类上，都是价格最低的供应商[1]。然而产品数量和品类的挑战依然存

---

[1] https://www.reuters.com/article/us-walmart-onlineprices-amazon-excluisve/exclusive-cyber-monday- showdown-wal-mart-closes-in-on-amazon-in-online-price-war-idUSKBN1DR0I6.

在：沃尔玛只有 1 680 万种产品，而亚马逊拥有 3.56 亿种产品，是沃尔玛的 25 倍[①]。虽然沃尔玛网站在 2017 年增加了 60 多万种产品（亚马逊从同年的 4 亿多种缩水到现在的 3.56 亿种），但二者在数量和品类上的差距依然巨大。运营效率不下降，弥合产品品类的差距几乎不可能，而且有把客户从实体店分流出去的高风险。把客户送给快速增长的竞争对手则是更糟糕的。

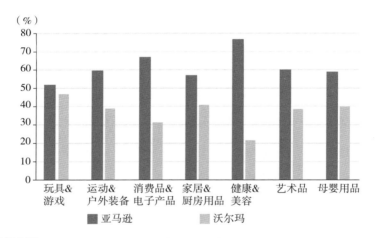

数据来源：https://www.revionics.com/amazon-vs-jet-com-vs-walmart-price-leadership-holiday-gift-category/.

图 3.3 2015 年亚马逊与沃尔玛不同品类的最低价占比

[①] https://www.scrapehero.com/number-of-products-sold-on-amazon-vs-walmart-january-2017/.

表 3.1 亚马逊以低于巴诺书店的价格，提供了更多的电子畅销书

Kindle 电子畅销书排名	书名	Kindle 电子书价格（美元）	巴诺书店电子畅销书排行榜	巴诺书店电子书价格（美元）	差额（美元）
1	《我妹妹的坟墓》（My Sister's Grave）	4.99	无		
2	《消失的爱人》（Gone Girl）	4.99	1	8.99	4
3	《灰色山脉》（Gray Mountain）	11.99	13	14.99	3
4	《逐火人》（The Fire Seekers）	4.99	无		
5	《吹玻璃的人》（The Glassblower）	4.99	无		
6	《离别的时刻》（Leaving Time）	4.99	2	12.59	7.6
7	《最亲爱的继兄》（Stepbrother Dearest）	3.99	41	3.99	0
8	《我喜欢你爱我的方式》（I Love How You Love Me）	4.99	26	4.99	0
9	《当你熟睡》（Sleep Tight）	1.99	无		
10	《毁灭（第二部）》（Ruin, Part Two）	0.99	345	0.99	0
11	《最好的我》（The Best of Me）	4.99	7	4.99	0
12	《巫师》（Medicine Men）	0.99	无		
13	《阿朗的循环》（The Cycle of Arawn）	0.99	6	0.99	0
14	《燃烧》（Burn）	4.99	13	12.99	8
15	《毁灭》（Ruin）	0.99	1386	0.99	0
16	《奥林匹斯英雄：第五册》（The Heroes of Olympus, Book Five）	9.99	14	10.99	1
17	《黄色番红花》（Yellow Crocus）	3.99	无		
18	《落难记》（Down and Out）	3.99	75	3.99	0

续表

Kindle电子畅销书排名	书名	Kindle电子书价格（美元）	巴诺书店电子畅销书排行榜	巴诺书店电子书价格（美元）	差额（美元）
19	《沉迷》(Captivated by You)	7.99	14	7.99	0
20	《血魔法》(Blood Magic)	6.99	57	8.99	2
总数					25.6

数据来源：https://ilmk.wordpress.com/2014/10/21/comparing-the-bestsellers-amazon-and-barnes-noble/.

然而，在数字市场的平庸表现，并不是"追求协同效应"陷阱的最坏结果，更糟糕的是，它会导致犀牛企业不去尝试应该尝试和探索的事情。"追求协同效应"的陷阱将会扼杀无数伟大的数字转型举措。这些转型的举措，还没有走出高层的会议室就被扼杀了，理由是其无法带来协同效应的"圣杯"。在一家企业中，创新倡议被扼杀总是会导致大量人力资本损失，因为优秀的创新驱动者会感到失望，要么离开，要么学会走更容易的路，发明一些董事会喜欢，而客户不会喜欢的东西。

如何避免"追求协同效应"的陷阱？如果避免核心业务的自我颠覆对犀牛企业来说真的是一个稳妥的策略（这点需要再三确认），那就瞄准一个距离当前核心业务相当遥远的细分领域尝试数字化，并接受它不会与当前的核心业务产生协同效应的前提。为什么我们要试图在一个全新的领域取得成功？出乎意料的是，正确的答案往往是"为什么不呢"。请记住，爱彼迎不是由酒店老板创办的，优步也不是由出租车司机创办的。在你认为自己更了解的领域，冒险进行数字化转型，其实并没有很站得住脚的强劲理由，在这些熟知的领域进行数字化尝试，很可能导致犀牛企业被已掌握的知识所束缚，而不是被知识所赋能。在下文中，我们会告诉大家，如何运用独角兽的方法，进军自己不了解的行业。

陷阱4："我绝不逊色于史蒂夫·乔布斯"

被商业媒体或同行称为"××行业的史蒂夫·乔布斯"，是数字化时代企业的首席执行官能得到的最崇高的赞美之一。很多企业高管都在非常认真地致力于把握每一次创新的机会，以期配得上这种溢美的对比。"不需要收购独角兽企业，不需要收购的数字大师，不需要数字化转型顾问，我们可以自己做到数字化转型，因为我对我们行业和公司的数字未来，有一个明晰的愿景。"

新一代的企业首席执行官，往往具备广泛的计算机技能。他们从十几岁就开始接触电脑，很多人以编程甚至做黑客为乐。

他们参与了过去30年信息技术领域的演变和革命，并见证了这一切的飞速发展，MS DOS、第一台 Mac、Windows 3.0、Netscape 浏览器、WAP 移动协议等。他们经历了无数次信息技术在商业环境中的部署，而且往往是成功的部署——企业资源计划（ERP）、客户关系管理（CRM）、供应商关系管理（SRM）……你能想到的各领域的信息技术应用都有。几十年来，他们一直致力于将自己所服务的企业，变成一个有活力、有亮点、受欢迎的企业。现在，他们担任了企业的高层岗位，具备了实施这一愿景的权限，以及将自己的名字写进企业光荣历史的权力。这是一个不容错过的机会。

从2010年初开始，几乎世界上每一位新上任的企业首席执行官都会表示：数字化是他们最为关注和重视的一个领域，在其领导下，企业"将在几年内实现全面数字化"。例如，当谢丽尔·麦考伊（Sheryl McCoy）在2012年被任命为雅芳（一家全球领先的化妆品直销企业）首席执行官时，用《财富》杂志的话说，她"已经将这一数字化战略，作为引领美国企业走出困境的核心任务"。"我们正在走向数字化，我们认为这就是未来，那是直销需要去的地方。"麦考伊在采访中说①。雅芳之所以迫切需要推进数字化进程，是因为企业正在亏损，其在北美核心市场的代理规模正在逐渐缩小，市值也在以令人不安的速度缩水。

上任后不到半年的时间里，谢丽尔·麦考伊就被业内媒体报道为"加速推进雅芳数字化的主要推手"②。雅芳在电子商务的发展方面，下了很大的赌注，并对其网站进行了全面整改，以期为客户提供更优质的数字服务。其业务性质——涉及与个人代理建立长期亲密关系的"雅芳女郎"——似乎是施行彻底数字化包装战略的理想对象。

然而，大约在同一时间，雅芳在加拿大的一个订单管理试点项目遭遇了业务部署的灾难③。彼时，雅芳的数字化转型主要依靠引进一个源自20世纪90年代的庞大的信息技术系统，进行订单管理。该系统的用户界面非常复杂，因此在"雅芳女郎"身上并没有取得明显的成效。这些雅芳产品的直销代理认为，相比于尝试如何正确填写庞大的订单表格，将时间花在走访客户上更有成效。有趣的是，雅芳应对问题的决定，不是寻

---

① http://fortune.com/2014/09/21/avon-ecommerce/.
② http://wwd.com/business-news/financial/sheri-mccoy-accelerates-digital-push-at-avon-6788881/.
③ https://www.forbes.com/sites/benkepes/2013/12/17/avons-failed-sap-implementation-a-perfect-example-of- enterprise-it-revolution/#39ee64cd31a6.

求一个更方便用户的系统，而是彻底放弃以数字化方式实施订单管理的理念。这就是犀牛企业的特点，不能承受打击、不能从教训中学习。最后，事实证明，雅芳对美妆数字化直销的愿景并不坚定。

因此，预期的数字革命没有发生，料想的业务转机也没有出现，雅芳公司持续亏损，市值又在下降。因此，2017年6月，商业媒体报道，谢丽尔·麦考伊卸任雅芳的首席执行官职务[1]。《金融时报》特别提到，雅芳"与露华浓和雅诗兰黛等竞争对手不同，未能充分把握电子商务快速增长的机会"。

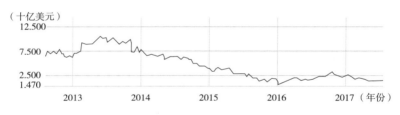

图3.4　雅芳产品市值变化

但是，批判他人的错误总是更容易，尤其是做"事后诸葛亮"。世界上类似的故事还有很多，现在新一代的首席执行官完全理解数字化的战略重要性，并在他们认为至关重要的领域开展了数字化转型的尝试。然而，这些大胆的尝试，很多时候

---

[1]　https://www.ft.com/content/55a3c52e-51f6-11e7-bfb8-997009366969.

都被证明是错误的。

他们遭遇的陷阱是在不尝试重构企业组织的情况下，试图创造适应数字化时代的产品。事实上，企业在数字化转型过程中，是否犯下了产品制造或技术层面的错误，这无关紧要。请记住，独角兽企业可以在90%的时候犯错，但它们依然赢得了数字化战争的胜利。恰恰是犀牛企业的这种运作模式，加上企业首席执行官的决策错误，才使得"不逊色于乔布斯"的陷阱成为最具灾难性的一个陷阱。

造成"不逊色于乔布斯"陷阱的深层次原因和基础，是犀牛企业内部的权力游戏。犀牛企业的所有员工都生活在严格的等级制度中，所有人努力工作的目标，都是为了向上进步。企业首席执行官做出的任何战略赌注——犀牛企业的"超级项目"，都会引发管理层阶梯的激烈洗牌。每个参与这些项目的人，几乎在一夜之间获得了权力，向上升了一两级，并开始梦想着往高层更进一步。

变革性的数字项目，之所以能够获得成功，并不是因为它们从一开始就设计得很完美（这些项目一开始总是不完美的），它们能够获得成功的原因，在于从事这些变革性项目的人，对市场早期信号具备敏感性，并且有权力、有胆量能依据这些信号做出大胆的反应。这就是独角兽企业驰名商界的"转型驱动"的商业模式所赋予的能力，关于这一点，我们在下文中将会详细介绍。就这方面而言，犀牛企业存在的最大问题是，它们从来没有真正地撬动过任何数字化转型举措。

在犀牛企业的典型思维中，错误就是错误，并且有人要因为错误受到惩罚。对犀牛企业的人说，"这是一个错误，所以让我们给犯下这个错误的团队，提供更多的预算和权力，让他们从另一个角度再次尝试"，在他们看来就是胡说八道。如果一个项目出现了问题，这个项目就应该跟它的执行团队一起被废弃掉——就像雅芳在订单管理系统试点项目惨败之后所做的那样。为此，犀牛企业的高管绝对不会承认错误，至少不会很快承认错误，或者在穷尽所有理智的办法或借口之前，一定会死命否认。当一个超级项目得到了首席执行官的明确支持时，人们就有了足够的时间，来假装一切都正在按计划顺利进行。

事实就是，当独角兽企业对消费者的反应保持高度敏感，并不断重新评估和重新制定它们的产品时，犀牛企业通常会死磕最初的"天才想法"——尤其是当这些天才的想法来自企业的高层人士时——并试图强制性地将这些想法原封不动地推入市场，慷慨地投入预算。同时，犀牛企业的内部竞争法则也是无情的：除了每一个真正热衷于推动超级项目的人，以及那些将自己的职业生涯与超级项目的成败捆绑在一起的人，犀牛企业内部还存在一些会为项目的失败而感到欢欣鼓舞的人。他们这种立场，可能存在一系列动机——从对豪赌的超级项目的有效性的合理关注，到利己的职业晋升计划——无论如何，当这些超级项目宣告失败时，他们都会幸灾乐祸地说："看吧，我早说过这行不通。"

　　不管犀牛企业内部是期待还是拒绝，数字化转型超级项目的失败终将到来。迟早有一天，事情会以出乎犀牛企业首席执行官意料的方式展开。客户和合作伙伴拒绝接受新的数字化产品，媒体开始大肆宣扬其转型的失败，利益相关者开始焦虑不安。在独角兽企业的环境下，这往往是整个组织捍卫荣耀的高光时刻：当整个企业深陷各方敌对的重围时，整个企业的上上下下都会被调动起来，准备团结一心地迎接战斗。或许大家还记得，2011年网飞在推出新资费计划时，尽管面临巨大的退出压力，公司还是上下一心、全力以赴地共同推进。不幸的是，这种同仇敌忾、一致对外的情况，很少出现在犀牛企业中。相反，一旦败象初显，各级管理层只会沉迷于指责超级项目及其负责团队。然后，失败的项目被召回，项目团队作为替罪羊被牺牲，最后整个企业再试图寻找新的突破性方案。

　　然而，到了第二次的数字化转型尝试，所有人都学乖了。他们看到了失败的先行者遭遇的下场，不希望自己与新的失败存在丝毫的联系。经历过一次失败之后的犀牛企业的员工，开始将转型项目当成是有毒的项目，大多数人都会竭力远离这些项目。而这也为浑水摸鱼的机会主义者打开了一扇窗，令他们有机会利用所谓的转型项目升职,或在简历上添上光辉的一笔,以便能够以更高的价格签约新东家。这种类型的操作来上几轮,就会使犀牛企业变成一个对所有新事物都抱有极大怀疑态度的组织,其中还隐藏着一个极小的投机主义者团体,他们不遗余力地通过帮助首席执行官设计花哨的转型点子,达到利己的职业晋升目的。处于这种状态的犀牛企业,在任何市场上都很难获得竞争力,更何况是面对发展得如火如荼的独角兽企业。

如何避免"不逊色于乔布斯"的陷阱?解决之法表面上听起来很简单:犀牛企业的首席执行官,只要避免盲目地相信自身的才华,或者盲目地认为自己可以单枪匹马地设计出一个方案,使企业一跃成为数字企业领导者就行了[1]。但这一点同样说起来容易做起来难。每一位蓄势待发的新首席执行官,确实都有很强的变革想法,其中一些可能具有很大的变革潜力。但问题不在于他们的想法是否有用,而在于他们如何在经典的犀牛企业中落实这些想法。因此,在类似"让我们并购市场上的独角兽团队,实现自身在数字领域的领导力"一样,转型应该在押注一个超级项目之前完成,而不是通过这样的押注,来实现企业的数字化转型。一个企业应该具备转型能力,即能管

---

[1] https://qz.com/1039957/the-ultimate-case-against-using-shame-as-a-management-tactic/.

理风险极高的转型尝试，且不至于因为犯错而被摧毁的能力。无视错误、撬动变革进展的能力[1]，对犀牛企业来说至关重要，它源自企业内部奖励冒险和敢于承认错误的文化，不仅允许创新或转型的团队拥有第二次机会，还允许有第三次和第四次试错的机会。

案例 3.1　错误主动报告的制度

接受错误并奖励主动报告错误行为的企业文化，似乎很容易与敢于承担极端风险的环境密切相关。令人惊讶的是，这种文化事实上源自一个最不愿意承担风险的行业——空中交通管制[2]。管制员在巨大的压力下工作，有时要在瞬间做出关系到数百人生命的决定。他们的

---

[1] https://www.nytimes.com/2016/02/28/magazine/what-google-learned-from-its-quest-to-build-the-perfect- team.html?_r=0.
[2] https://qz.com/1039957/the-ultimate-case-against-using-shame-as-a-management-tactic/.

雇主认识到，犯错误是不可避免的——有时是出于人的本性，有时是由于完全可以写入工作手册的无法预见的罕见情况。

为此，航空业建立了一个全球性的不断学习的系统，以处理每一个紧急的航空事件，并确保它不会重复发生。然而，为了使这一全球学习系统发挥作用，每一次的事件都要上报，就成了至关重要的操作——而上报的人恰好也是犯错的人。因此，一种被称为"公正文化"的心理安全文化得以建立和施行。这种文化免除了犯错者需要承担的责任（除了刑事犯罪的情况），并通过培训和支持，尽可能降低控制者犯错的概率，而不是让他们失去工作或收入。这种类型的文化被一些数字企业领导者刻意复制——比如谷歌[①]，它经常奖励那些项目失败的团队——因为这会鼓励他们敢于开展真正的市场实验，测试非常大胆的想法和概念的可行性。

陷阱 5："外聘职业顾问能够帮助我们成功转型"

在吃了足够多的苦头，有了足够多的痛苦经验之后，一个传统的犀牛企业终于开始认识到，数字时代转型的关键不在于技术，

---

① https://www.nytimes.com/2016/02/28/magazine/what-google-learned-from-its-quest-to-build-the-perfect- team.html?_r=0.

甚至不在于产品。要想获得成功，它们需要一个深层次的、组织层面的、整体性的努力。到了这个阶段，它们需要解决的问题，开始看起来非常具有挑战性，甚至是

可怕的，因为需要完成的任务量堪称巨大。市面上存在大量关于"70%的企业转型失败"的统计，这更是进一步加深了犀牛企业的焦虑感[①]。

好在世界上有专门管理变革的专业人员，他们通常为大大小小的企业提供咨询服务。把他们请来领导和推进犀牛企业的变革进程，看起来是减轻数字化转型过程风险的有力方法。在许多犀牛企业的文化中，任何重大的商业项目，都需要指派顾问，这几乎成了约定俗成的步骤。

选择咨询公司的好处有三点：第一，它们具备为企业提供成功咨询服务的历史经验。第二，它们掌握了大量的行业前沿信息。这一点很重要，因为如果一个人需要与时俱进地掌握全球出现的所有关于数字问题的重要著作，他就应该做好每周至

---

① 马克·休斯的文章《70%的组织变革举措真的失败了吗？》显示，这个统计完全没有依据（《变革管理杂志》，2011年第11卷）。马克将其起源追溯到明确提出了一个"不科学的猜测"的一本著作。

少阅读300—500页文献的心理准备。即便对于一个专业的研究人员来说，这也是一个挑战。没有哪个企业的高层管理者有时间完成这类耗费大量时间的沉浸式阅读。为此，咨询公司雇用了许多聪明的年轻人作为研究人员，他们的任务就是充分了解该领域的所有最新进展和热门话题。然而，最重要的是，咨询公司并不止步于此。它们拥有"吃信息熵"的工具和专业技能，即能够把非常复杂的东西变成清晰的、合乎逻辑的、可操作的。第三，它们能够给客户带来非常有说服力的"现状"分析，告诉客户应该把它变成"未来"的东西，并能够巧妙地找出这两种状态之间的"差距"和"路线图"，并承诺这将引导企业走向成功。

但是，在全球领先的咨询公司的网站上，你很难找到它们的历史案例档案。咨询公司不提供久远的历史信息，原因在于：在许多情况下，过去被视为杰出成就的操作，现在看来可能是业绩平平，甚至是彻底的失败。虽然这听起来好像是在挑战一个重要商业机构存在的必要性，但这肯定不是我的本意。如果商业咨询像一些不实的逸事所描绘的那样无用和浪费，它就不会在世界上一些最具竞争力的经济体中，生存和繁荣了大约一个世纪之久。许多咨询师对客户忠心耿耿，他们为寻找合适的解决方案而通宵达旦，只求为客户的董事会带来有见地的新建议。然而，从倾向于寻求"可以立即投入使用的完备的解决方案"的犀牛企业到独角兽企业的转变,是咨询师无法实现的,原因有以下几点。

首先,顾问是知识分子。在数字化转型的过程中,这不是赞美,而是一种缺陷。他们把每一种情况,都当作一道复杂的数学题来攻克,即彻底研究问题的方方面面,力求给出最好的思路,最后提供一套预先确定的正确解决方案,将超出这套方案设计的所有变动视为错误。管理咨询师的招聘、培养和晋升过程,都以这种方法为核心标准。他们在扁平化组织中工作,周围都是背景非常相似且志同道合的人。在这种氛围中,每一个新想法都会受到挑战,都应该被严格定义。唯一不会遭受任何挑战的,就是以智力为基础、以期为客户创造完美解决方案的整体工作方法。

已故的著名组织行为学理论家克里斯·阿吉利斯(Chris Argyris)指出,咨询专家实际上很不善于学习——他们虽然在收集新的事实方面付出了巨大的努力,但却很不愿意改变自己的思维方式和行为方式。用克里斯的话说,他们实际上在"逃避学习"[1]。

从最优秀的咨询师如何处理商业世界的数字化转型和独角兽企业崛起的问题上,就可以看出这一点。他们试图用几十年

---

[1] 克里斯·阿吉利斯.教会聪明人学习[J].哈佛商业评论,1991(5/6).

来使用的术语和框架来解释新的现象，且他们解释的措辞本身，就给人一种任何新事物都没有发生的感觉，例如：人们应该找到"战略重点"，"保持短期和长期目标的平衡"，"动员内部支持"，"规划出变革"，等等。一切照旧，莫过如此，而且我们可以一如既往地为您代劳——这就是永无止境的"白皮书"给客户提供的建议。

这一点也让对数字化信息浪潮感到困惑的客户产生了共鸣。咨询公司为这些茫然不知所措的客户，提供了一个令人舒适的借口："不用担心，我们过去也经历过巨大的变化，不也存活下来了嘛！再说了，所有的同行都面临着同样的问题，他们有的领先一点，有的落后一点，都不过如此。"这些咨询顾问看起来知道要怎么应对数字化浪潮的挑战，且表现得信心满满，一切尽在掌握中。不知道大家是否还记得加州卷的故事？加州卷的故事讲述了一个日本人如何以新形式卖出了美国人不喜欢的寿司。咨询师尤其擅长将加州卷的经验，应用于所有事物之上。如果明天我们看到外星人入侵地球，可能过不了几天，全球领先的某家咨询公司就能够发布一份白皮书，题为《确保你的公司与外星人客户重新对接的7种高效方法》（这些巧妙运用了文字游戏的标题，总是能够第一时间抓住客户的眼球）。咨询师在企业数字化转型方面的做法与此类似：就是在经过实践考验的优秀做法外面，包上一点花哨的表述。

正如我们已经看到的那样，数字化转型和新经济之间有着密不可分的关系。然而这个逻辑，却挑战了当前整个商业思维。在数字化转型的过程中，将新的态势拆分成简单而熟悉的操作，是一种高风险的行为。一个敬业的咨询师在寻求突破的企业的董事会上，真正应该做的是，告诉所有参会的高层："不要再沉迷于自我安慰了！你们现在可能正面临着整个行业的挑战，而你们甚至还没有意识到产生威胁的原因。我也无须假装知道未来——坦白说，我真的不知道。现在，让我们正视现实，放弃这些声称能够让我们顺利过渡到新环境，并令所有人感到开心的成功路线图。正视可怕的事情正在发生这一事实，以及我们可能有什么样的应对方法。"[1] 这或许会激起企业高层的抵触和愤怒，但或许能够为困境重重的犀牛企业谋求一线生机。

很少有咨询师愿意这么做，因为这么做意味着要对抗客户的整个组织。在传统的企业客户中，大多数人会拒绝接受这个糟糕的信息，并试图除掉传递这个信息的咨询师。这时候，咨询师的智慧就成了完成工作任务的障碍。商业运作与解决数学

---

[1] 我们并不坚定地认为每家企业在未来都会因数字技术的侵袭而消亡。然而，如果每家企业都能够假设转型的可行性，并试图构思一个可行的行动计划，哪怕仅将其视为纯粹的脑力锻炼，它们也有可能会获得一个相对安全的位置。

或逻辑问题不同；解决商业问题，本质上就是要让人——无论是客户、员工还是供应商——采取行动，有时候这可能意味着习惯性行为的大幅转变。在现实的商业世界中，很少有人会仅仅根据逻辑来执行指令。要想督促他们采取转变的行动，就需要提供更多的东西作为激励。那些具备"实战经验"的高管，那些管理着企业内部不同阶层和不同类型，包括受挫的、心灰意懒的，甚至是心怀叵测的员工的高管，都非常擅长激励。管理顾问这个职业对提升员工的行为能力，几乎没有任何作用，因为职业顾问90%的工作时间都花在与自己的思想和行为非常相似的人身上。他们具备了智力的优越性，却缺乏纯粹的意志较量上的经验和能力。

而行动的意志，是一家犀牛企业向独角兽企业转型所必需的因素。它们需要说服、激励甚至强迫人们放弃擅长的事情，跳进一个未知的陌生领域，并允许大概率的错误和失败。这完全不是一个智力层面的问题，也不是某个企业外部人士的责任或任务。因此，以外部聘用的职业顾问为主导的转型之路只有两条，并且都可能导致高风险的失败。

对于咨询师来说，提供服务的一个简单方法，就是借鉴前文提到的加州卷的经验，给出一个包含了花哨的数字解决倡议的方案，抛出"平衡""战略核心"和"投资回报率最大化"等屡试不爽的词汇，并在此基础上提供一个看似扎实的、久经考验的阶段性变革方案。这个做法肯定可以带来一些可衡量的成功，比如某项具体的财务指标，实现了数个百分点的优化。此外，这种循序渐进式的方案，也不会令企业组织内部的重要人员感到不安全。而且，组织一些令人印象深刻的新闻发布会，也有助于维持保守和创新的利益相关者之间的平衡。这看起来就像是一个稳赢的成功秘诀。事实上，它的确是一个成功的秘诀，直到想要打破行业现有格局的外来者加入游戏。这将导致犀牛企业在经历痛苦的教训之后，意识到自己的企业在运营方式上距离真正的数字化或独角兽企业尚有不小的差距。而新出现的一两家独角兽企业，就能够轻而易举地"蚕食"犀牛企业的市场份额。

这种情况就发生在最先遭遇了数字化冲击的媒体行业。数字化冲击的信号最早出现在 1995 年，当时新兴的互联网媒介已经被证明能够传送书籍、图片甚至是音乐内容（但是在每秒传输速度仅为 9.6 千字节的调制解调器时代，很少有人会想到电影也可以通过这个媒介传播）。但在接下来的 20 年里，随着互联网的迅猛发展，整个媒体行业都在痛苦地适应新的现实中度过。有趣的是，现有的大型企业领导者，都无法引领新浪潮下的市场发展。当然，这些大企业也投入了万分的努力，试图拿出一个能够维持原有利润的解决方案。大企业的这些转型努力，理所当然地在很大程度上依赖于全球领先的咨询公司提供的服务。然而这些咨询公司主导的转型方案，都以惨败收场。例如纳普斯特（Napster），这家特立独行的公司以网站点对点的内容共享为卖点，轻而易举地破坏了整个媒体行业以及传统巨头精心设计的变革方案。

在极少数情况下，会有一两个勇敢的咨询顾问，将行业面临深刻变革的信息带进会议室。企业的首席执行官或董事会或许愿意聆听他传递的信息，但顾问很快就会面临企业上上下下员工的抵触。因为这种信息会令太多人感受到威胁或被疏远，为此他们将竭尽全力地反对变革项目的开展。事实上，由一群高高在上的局外人领导关乎企业生死存亡的变革项目，就已经挑战了企业员工的接受能力，他们的心态是"我们不是在抗争变革，而是将企业从那些完全不了解我们行业的人手中拯救出来"。伴随而来的，只会是转型项目的亏损、错误和失败。即使企业内部那些热衷于变革的人，在企业内部挣扎着为正在发生的事情辩解，并将个人的声誉置之度外，也无济于事。最终，整个变革项目和敢于说真话的职业顾问一起被废除，一些内部的替罪羊也牺牲了。犀牛企业则庆祝自己成功地解决了"混乱和设计不当的转型尝试"，然而，独角兽企业随后对行业的颠覆，将使其追悔莫及。

如何避免"外聘职业顾问主导数字化转型项目"的陷阱？不要误解我们的意思——聘用职业顾问本身没错，他们能够给企业带来足够的专业知识，拓宽犀牛企业领导者的视野，但注意不要选那些只会说好话的顾问。宁可选择那些危言耸听的人，也不要选择那些宣称企业只需要一些局部改进的人。而且要注意的是，即便雇用了最大胆的顾问，也不要盲目依赖他们的引导。是你的企业转型，而不是他们的企业转型。在内部淡化外聘顾问的引导作用，不是为了抢功劳，而是不要让企业的员工轻易地否决来自外界人士的干预。在转型的过程中，确保企业的领导者要站在顾问的身前，而不是躲在他们身后。推动犀牛企业向独角兽企业的转型是你的发展愿景，为此调动所有的意志和力量来推动是企业领导者的职责，而不是顾问的。

陷阱６：''收购独角兽企业来实现转型''

然后是应对转型挑战的终极解决方案：收购。当今许多成功的犀牛企业，就像被宠坏的孩子一样，它们认为，随心所欲地购买，是通往幸福的途径——至少是保持领先优势的途径。这就是过去几十年里，很多犀牛企业对独角兽企业持特别傲慢的态度

背后的思维。"让它们玩得开心点,总有一天我们会把它们都买下来。"自从"新经济"成为企业发展规划上显而易见的现实之后,会议室里和媒体上也可以经常听到和看到此类表述。

犀牛企业针对独角兽企业的首次大规模收购,发生在2000年。当时美国在线(AOL)和时代华纳的并购被视为开启了新时代的序幕。

当年规模最大的数字公司,没有经受住诱惑,与控制着所有类型消费者内容的全球领先媒体公司,进行了所谓的"平等合并"。两家公司均认为合并后可能获得无数潜在的协同效应,且合并后形成的巨头集团,似乎注定能成为21世纪初最大的公司。

然而,17年后,要想找到一个能不假思索地想起美国在线这个品牌的人,已经不是一件容易的事。虽然现在两家公司合并形成的集团,已经被分割成几个公司,但时代华纳的处境相对要好一些。实际上,这个强强联手形成的巨无霸公司,很快就分崩离析了:在大约5年的时间里,这家原本被期望成为21世纪互联网行业霸主的"超级公司",几乎完全消失。

犀牛企业与独角兽企业的合并或兼并的失败案例清单过长,这里就不再逐一列出了。作为本书开篇案例的沃尔玛与Jet.com的并购案例,虽然有迹象表明这一案例有可能成为罕见的例外存活下来,但它仍处于破灭的高风险之中。其他行业类似的并购操作也没能跳出失败的怪圈：犀牛企业花大价钱去收购一个独角兽企业，并期望这笔交易能够带来颠覆性的转变，使犀牛企业摇身转变为行业的数字领军者。但事实上，这种类型的合并或并购不会带来任何显著的改善。被收购之后的独角兽企业，会完全被作为收购方的犀牛企业吞并。大部分业务仍按照典型的犀牛模式运作时，这些被收购的独角兽企业已经很难与独立状态的同行竞争。既然已经存在如此之多的失败案例，为什么这种兼并模式依然如此盛行？

触发传统并购交易的原因可能有两个：第一，传统并购一般以机会窗口为基础，当一家拥有强大资产的公司，在获得资源、制造生产设备或树立品牌（建立长期客户关系的捷径）上，遇到普遍存在的管理问题并很难在市场上保持竞争力时，并购的机会窗口就会出现。第二，存在问题的公司需要外部注入资金并进行一些管理上的"精简"，才能重回正轨，恢复其市场竞争力，但它内部的问题已经过于顽固，无法自行解决。这时候，被一个效益更好、有足够财力进行救助的企业收购，就成了最有吸引力的解决方案。实施收购的公司知道该怎么做：注入一些资金，并部署一支"解决问题"的队伍——懂得如何解决问题的企业强人。这就是一个多世纪以来并购的常见操作方式。

当然，恶意收购也是存在的，当一家整体管理良好的公司犯了一些错误，就会突然发现自己成了被吞并的猎物。无情的公司掠夺者会发现，这家公司目前的市场价值小于它在相对短期内能够产生的收入流，并进行强制性的恶意收购。在此类恶意收购中，收购方不会给被收购的公司注入资金，反而是力图尽可能多地榨取后者的现金，收购方派出的管理团队不仅实力雄厚，而且实施的操作通常令被收购的公司感到不快。不过有时候，即使是这样暴力开启的合作关系，从长远来看，反而变成了相当幸福的关系。在 20 世纪 80 年代中期，英国一家咄咄逼人的新兴广告控股公司 WPP 收购了创意广告行业的标志性公司——奥美广告公司。此次收购完全违背了奥美广告公司的创始人大卫·奥格威的意愿，该机构如今也已成为 WPP 皇冠上的一颗明珠，大卫爵士的遗产得到了珍惜和发扬。

这两种收购方法都已经被犀牛企业反复尝试和完善。然而，这两种方法在试图帮助犀牛企业获得数字领导力方面，都是行不通的。一个在保持竞争力方面存在问题的独角兽企业，本身就是一个矛盾体——就像"热雪"或"冷火"。出于善意收购这样一个独角兽企业，没有丝毫意义。恶意收购也行不通：从直接的财务分析来看，独角兽企业的价值通常以"高估"著称，因此它们的估值远远大于它们能够产生的短期回报。因此，犀牛企业与独角兽企业的并购交易的驱动力，应该基于完全不同的逻辑,重点不在于交易本身,而在于交易之后能够带来的益处。因此,被收购的独角兽企业真的能把发起收购的犀牛企业推向新经济时代吗?

下面我们来谈谈商业心理学的问题。并购交易是否划算,总是由众多财务专家来计算,他们在投资回报率、净现值、内部收益率[①]等方面有很强的判断力。但从心理学上看,无论是善意还是恶意,收购基本上都是商业领域的"大男子主义"的行为,即收购一方的优越感明显高于被收购的一方。犀牛企业在交易中倾注了大量的金钱和精力——并称赞自己"成功了""打败了别人""占据上风"。它通常希望对被收购的企业实行最大限度的控制,将其"纳入"现有的管理流程。

问题就出在这里,因为独角兽企业只有在拥有自由的时候,在能够狂野行事、无惧边界的时候,才会真正发挥作用。犀牛企业对独角兽企业的并购,不应该是为了驯服它,而是要把它的变革能量带入传统企业,然而这种认知很少能实现。并购后常见

---

① 投资回报率、净现值和内部收益率是评估包括企业并购在内的投资效果的常用财务指标。

的一套动作，包括在独角兽企业内部建立企业纪律、整顿财务和调整人力资源的实践。犀牛企业类似的操作，可谓理直气壮，因为这是它认为唯一可行的方式，它坚定地相信，其他任何方式都会摧毁企业的未来。在犀牛企业身处的商业世界中，一个可控的未来比一个光明的未来更重要。

遗憾的是，独角兽企业来自一个恰好相反的商业世界，在那里，一家企业的未来或许无法掌控，但可以共同创造。这种共创需要一种非常特殊的思维方式。在第二章中，我们已经证明了这是一套自成一体且逻辑严密的思维方式，如果改变其中一个或几个重要的部分，整个体系就会崩溃。因此，犀牛企业和独角兽企业的混合体是没有意义的。

这样一来，被收购的数字企业的团队，就丧失了在推动增长方面真正发挥创造力的动力。它在与企业的官僚主义作斗争以获得必要的资金方面浪费了精力，未能达到"有效"的业绩表现指标（KPI），并开始落后于市场，而不是引领市场。

而作为收购方的犀牛企业，则会感到沮丧，因为它觉得被骗了。这笔交易并没有按照预期的方式给它带来好处。"我们冒着巨大的风险，投入了大量的股东资金，而'他们'（指被收购的独角兽创新团队）却表现得毫不珍惜。"这种态度会导致针对数字业务部门的管理变得越来越严格，也导致数字部门的市场表现变得越来越令人失望。最后，被收购的独角兽部门，要么在庞大的犀牛母公司结构中彻底解散，要么被卖掉，并导致犀牛企业在财务和声誉上蒙受耻辱性的损失。

举一个零售业的例子，是塔吉特公司在2013年收购Cooking.com和Chef's Catalogue。这笔交易本来是旨在帮助塔吉特公司拓展新的数字视野，并帮助其打开厨具这个关键的零售领域，建立强大的市场影响力。被收购前，Cooking.com运营着美食网络商店（Food Network Store）、卡福莱（Calphalon）商店和瑞秋·雷专卖店（Rachael Ray Store）等品牌网店。总体而言，网站提供了30 000种厨房产品，以及食谱、烹饪书和用户分享的烹饪内容（这在2010年初是一个"热门"话题）。对于这次成功的战略交易，媒体不乏赞美之词。但在短短不到3年的时间里，塔吉特发布了如下声明："塔吉特的数字业务得到了加强和发展，但随着公司优先事项的变化，Chef's Catalogue和Cooking.com不再符合更广泛的战略发展需求。此外，这些业务的收益，也没有达到我们的预期。"[1] 两个网站随后都被关闭了。这笔交易的规模没有公开披露，不过塔吉特公司的年报显示，2013年该公司在收购上花

---

[1] http://kitchenboy.net/blog/target-quietly-closes-chefs-catalog-cooking-com/.

费了 1.57 亿美元[①]，除了 Cooking.com 和 Chef's Catalogue 之外，该年度没有其他重要交易，因此这次战略收购的代价可谓十分惨重。

更大的失败，是零售巨头沃尔格林对 drugstore.com 的收购。2011 年，沃尔格林支付了近 4.3 亿美元完成了这项并购[②]，表达了对并购可能带来的数字能力提升的乐观预期："我们今天收购 drugstore.com，这大大加快了我们的线上战略发展。利用这个美国最好的社区商店网络，无论客户是在线购物，还是在我们的实体店购买商品，通过提供最方便的选择，我们都能够充分满足其健康和日常生活的需要。"沃尔格林总裁兼首席执行官格雷格·瓦森说。这笔交易还带来了美妆网。但在 2016 年，drugstore.com 和美妆网都被关闭，官方给出了如下解释："在过去的一年里，我们一直专注于打造沃尔格林线上的全渠道能力，这些举措丰富了我们线上的商品种类，改善了网站用户体验，加强了我们的数字折扣营销，以提供更多的客户价值，并将数字工具添加到我们的实体店服务中，提升客户的购物体验。"沃尔格林在一份官方声明中说："扩大这些

[①] http://www.annualreports.com/HostedData/AnnualReportArchive/t/NYSE_TGT_2014.pdf.

[②] https://www.geekwire.com/2011/breaking-walgreens-buy-drugstorecom-429-million/.

努力，是我们发展战略的重要组成部分。"①沃尔格林的股票，在关闭网站之前的一年里，已经下跌了17%。很显然，数字领域的领导地位并不能轻易买到。

如何避免"收购独角兽企业来实现转型"的陷阱？解决方案要分三个不同的阶段提供，即交易前、交易中和交易后。

在交易前的阶段，对于一个传统企业来说，把数字化战略押在并购交易的可能性上，是相当冒险的，然而令人惊讶的是，这却是一个普遍的操作。犀牛企业内部的数字化能力发展得很温和、低调，仿佛只是正式比赛前的热身。管理层的重点，始终是在市场上筛选收购的目标，而不是对现有组织进行改造。然而，毫无准备的跨界合并最终只能以失败收场。即使由于某些原因，觉得自己没有能力独立完成数字化转型的犀牛企业，也应该在进行重要的收购之前，在内部开展一个数字化转型的项目。犀牛企业的数字化转型，必须通过一些内部准备阶段，才有可能实现。最重要的是，它需要先准备好自身的转变，以适应它将收购的企业的经营方式，而不是反过来操作。

交易中阶段，是最难以避开陷阱的阶段，因为犀牛企业通常不是数字领军企业梦想型的合作伙伴。对于一个独角兽企业

---

① https://www.geekwire.com/2016/walgreens-shut-drugstore-com-4-years-429m-acquisition/.

来说，被传统的犀牛企业收购，很可能是一种妥协，令它们觉得出卖了自己的一些野心。那它们为什么还要跟犀牛企业合并呢？为了钱？一个强大的独角兽企业，应该相信其业务会指数级增长，这意味着今天得到的钱，绝对比不上未来能够挣到的钱。一个著名的案例是马克·扎克伯格在脸书起步初期，拒绝了微软的收购邀约，称几年后他的公司将价值10倍以上（事实上他预估错了，公司的价值变成了50倍）。如果犀牛企业用金钱打动了一家独角兽企业，并完成了并购交易，那么实际上反而需要三思，一家会被眼前金钱诱惑的独角兽企业，真的是独角兽吗？很有可能它知道企业的发展已经到了极限，并认为争取更多的市场份额会是太过大胆的冒险，从而想方设法地与大企业合并，为的是获得一笔丰厚的退休金。其实，在很多情况下，犀牛企业买到的是看起来像是独角兽的企业，而不是真正的独角兽企业。为了规避风险，犀牛企业的管理层应该沉浸在独角兽企业的世界里。当然，如果犀牛企业的管理层的确能够沉浸，它自己可能就能够规划出更好的数字化战略。因此这里存在的陷阱，目前尚无现成的秘诀来避免。不过，在完成并购交易之后，犀牛企业的管理层依然还有机会纠正错误，回归正轨。

在交易后阶段，不管是什么类型的并购，这个阶段的操作将直接决定成败。犀牛企业收购独角兽企业之后，是否能真正实现数字化转型目标，几乎100%取决于交易后这个阶段的决策。其实，如果犀牛企业认真对待企业数字化转型的目标，它就应该表现得像被独角兽企业收购一样，应该让独角兽企业来经营整个转型项目的运营，不仅仅是"做数字化的相关工作"，而是对整个企业进行重新评估和设计。原因很简单：现在的世界默认是数字化的，非数字化业务只是一部分，因此让有能力做好数字化业务的人去管理整个企业，更合乎逻辑。

但对于大多数传统企业的高管来说，这是一个疯狂的想法。在传统企业盛行的"大男子主义"式的管理思路中，"谁收购了谁"是至关重要的事实，那些处于"接受端"（被收购的企业）的人，只配占据权力圈层经过精心计算的少数席位。然而，也有一些独角兽企业逆袭并购犀牛企业的先例，而且是在石油这个最具代表性的行业——美国石油这家最具代表性的公司发生。在20世纪70年代和80年代，T. 布恩·皮肯斯，这个时代成功的产业颠覆者（虽然很多人称他为"传统企业突击者"），以巧妙的方式，逐步收购更大的、发展速度更慢的、效率更低的传统企业，并对其进行改造。在并购完成之后，让并购前规模更大的企业，去经营整个并购后形成的集合体，完全没有必要。光是承认这一点，就需要企业思维层面的真正突破，而实施这一理念，对传统企业各个管理层级的人来说，都将是一个极其痛苦的决定。这是因为，在传统的思维中，收购关乎输赢，而要求胜利的一方，向实力较弱的失败一方妥协，似乎不合逻辑。为此，在这个阶段，我们还需要解决一个核心的矛盾。

这个矛盾，使得沃尔玛和 Jet.com 的交易成了罕见的例外。沃尔玛用一个超乎寻常的操作，将 Jet.com 的创始人马克·洛雷招至麾下。沃尔玛非常重视这位非常成功且极具魅力的创始人，并为他提供了一个能够以独立数字企业家的身份继续运营的职位和必要的资金。2017 年，在洛雷的领导下，沃尔玛收购了六七家独角兽企业。截至目前，尚未有迹象表明，沃尔玛的传统企业文化侵蚀了这些被收购的独角兽企业。正如我们前面所说，沃尔玛已经改变了其线上定价的方式，并在 2017 年底，真正成为可以匹敌亚马逊的竞争对手。这或许是我们可以见证的，犀牛企业成功向独角兽企业转型的首个重要案例。这一次精心策划和执行的并购，也给其他犀牛企业提供了可参照的行动蓝本。

沃尔玛经历了一条漫长而艰难的探索道路，才最终取得了这个傲人的成绩。我们能够从中学到的经验是：一家传统企业如果想要在与独角兽企业的交易中获胜，就需要做好放弃从前珍视的许多传统做法的准备。而在这种觉悟成为企业界的共识之前，"收购独角兽来实现转型"的陷阱，将一直是传统企业数字化转型过程中最常见、代价最昂贵、也最耗费人力物力的一个陷阱。

陷阱 7："成功"

获得成功很难,维持成功则难上加难。任何职业运动员都知道这一点。当你处于巅峰的位置,整个人就会暴露在聚光灯下,你的优势会被其他人研究和复制,你的弱点也会被研究和瞄准。你的利益相关者会习惯于你出色的表现,并要求你提供更加出色的表现。当他们尝到了成功的甜头,就会期待你在未来取得更大的成就。

然而,企业与运动员不同,企业可以积累资源,其力量和能力也不存在生理性的限制。虽然要求一个人类的冠军不断超越极限不切实际,但期望一个成功的企业不断超越自身,获取更高的成就,是合乎逻辑的。不幸的是,一些被誉为企业数字化转型冠军的犀牛企业,在迈出成功的第一步之后,发展的脚步就慢了下来。

实施"数字化包装"战略的标杆企业耐克(Nike),就是一个经典的例子。作为 20 世纪 90 年代以来，全球领先的运动服装品牌，耐克早在 21 世纪初期，就已经率先实现了业务的数字化。早在"物联网"一词被提出之前，它就已经将其生产的鞋与 iPod 等数据采集设备连接起来。"Nike+"于 2006 年 5 月 23 日进入市场①，在社交媒体的炒作高潮还没有到来之前，耐克运动装备就已经开展了收集数据、将其上传到线上平台、把跑者们聚集在一起等业务。简而言之，耐克似乎已经走在了竞争对手的前面，不仅在于"拥抱数字化"，而且在于与最优秀的独角兽企业合作，探索和开发数字前沿。

到了 2015 年左右，耐克已经成为企业整体数字化转型的标志。正如福布斯网站在 2013 年所说的那样，耐克具有"数字领导者的基因"，并正在从单独的数字计划，向整个公司层面的数字化转型。在 2015 年，耐克宣布在 5 年内实现在线销售额增加 5 倍的战略计划，即线上销售额达到 70 亿美元②。当时耐克已经是美国最大的鞋类线上零售商，领先于亚马逊网站和美捷步（Zappos，线上购鞋网站，后被亚马逊收购）。

---

① 毫不谦虚地说，阿迪达斯与微软联合开发的 Micropacer 早在 1984 年就上市了。它内置了一个微芯片，可以记录跑步的关键参数，但只是在鞋舌的小屏幕上显示。这是一个聪明的想法，但不幸的是超前了 20 年。其全面商业化应用的前提，是一个无处不在的互联网，实现数据的上传和分析，并据此设定一个社会标杆。

② https://www.digitalcommerce360.com/2015/10/29/how-nike-will-grow-e-commerce-7-billion-5-years/.

第三章 数字化转型的错误方式 | 189

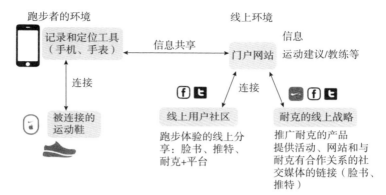

数据来源：https://www.capgemini.com/resources/nike-from-separate-digital-initiatives-to-firm-level-transformation.

图 3.5 耐克整体数字化平台概述

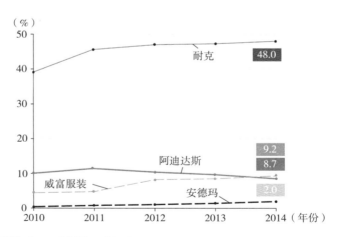

数据来源：https://visible.vc/blog/investor-letters-nikes-2008-letter-to-shareholders/.

图 3.6 美国鞋类市场主要参与者的市场份额

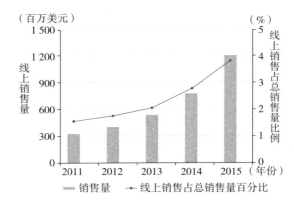

数据来源：https://seekingalpha.com/article/4054552-will-nike-continue-grow-year.

图 3.7　2011—2015 年耐克线上销售量逐年增长

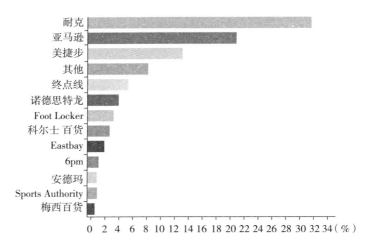

数据来源：https://seekingalpha.com/article/4054552-will-nike-continue-grow-year.

**图 3.8　耐克在鞋类线上销售中处于领先地位，
战胜了同领域的"数字原生"玩家**

不出所料，耐克随后在许多关键产品领域和地区的市场份额都在不断攀升，直至最终占据主导地位。在美国，耐克几乎占据了鞋类市场的半壁江山，紧随其后的竞争对手所占的市场份额不到 10%。

  耐克成功的数字化转型，就真的没有任何弊端吗？遗憾的是，耐克在取得了 2010—2015 年的辉煌股价之后，业绩开始表现出陷入停滞不前的状态，其市值从 2015 年第三季度 1 130 亿美元的峰值，跌到了本书撰写时的 900 亿美元左右，这个大约 20% 的跌幅是很吓人的。近一年来，媒体关于耐克转型报道的基调，也一直在改变，有头条新闻称，耐克正在"输给"其竞争对手[①]。虽然耐克的挫折可能是暂时的，且相较于网飞等独角兽企业的经历，这或许算不上是一个重大的挫折，但这依然是一个预警信号，表明在新经济现实下，耐克推动数字化转型的力度不够。在新经济现实下，客户会要求越来越多的价值，而在实体产品的世界里，产生价值并非易事。这是否意味着耐克的"数字化包装"战略已经达到了极限，它需要一些更大胆的新举措，将其数字化竞争的玩法升级到一个新的高度？

---

① http://www.oregonlive.com/business/index.ssf/2016/11/nike_still_in_the_lead_but_los.html.

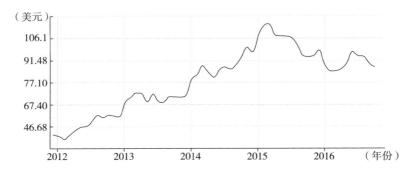

数据来源:2017 年 8 月 24 日的检索结果。

图 3.9　2012—2016 年耐克的市值变化曲线

大西洋彼岸的时尚品牌博柏利(Burberry)也在经历类似的转型故事。2006 年,博柏利的首席执行官安吉拉·阿伦德斯上任后,这家公司也被誉为 2000 年末到 2010 年末的数字冠军。博柏利对数字营销方法的运用,被认为非常有效,其"风衣艺术展"(Art of the Trench)网站,充分利用了社交媒体和用户生成内容的强大浪潮[①]。2010 年,博柏利推出了在线定制产品,使买家能够拥有独一无二的标志性风衣。首席创意官克里斯托弗·贝利(Christopher Bailey)承诺将提供近 1 200 万种风衣供客户选择[②]。

---

① https://centricdigital.com/blog/digital-strategy/digital-transformation-in-traditional-fashion-burberry/.
② http://www.independent.co.uk/life-style/fashion/design-a-custom-burberry-trench-coat-2130443.html.

然而博柏利的股票表现曲线，却呈现出与耐克非常相似的趋势。它在 2015 年初达到 125 亿英镑的峰值，但现在约为 97 亿英镑，缩水了约 20%。同样的，当前关于博柏利的媒体头条，关键词已经切换为其利润的下滑[①]，而不是讲述其获得数字化转型成功的故事。

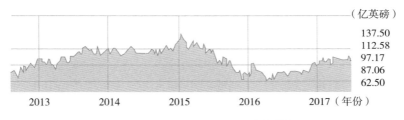

图 3.10　博柏利集团历史市值数据

耐克和博柏利做错了什么？其实它们没有犯任何错误。尽管两家公司的业绩在过去几年没有明显的起色，但也没有真正的迹象表明，它们的数字化转型正在失去动力。而媒体一贯喜欢夸大企业"过山车"式的经历，并以此为生，它们热衷于报道那些曾经成功但现在受到了挑战的企业故事，或者先失败后成功的逆袭神话。很多投资者只会关注企业令人焦虑的不佳表现，继而推动股价进一步下跌。对于这两家公司来说，股价下调的动态和商业媒体不看好的基调，其实可能是

① http://www.telegraph.co.uk/business/2017/05/18/burberry-profits-slip-bailey-prepares-hand-reins/.

对其数字化转型实践的考验。正如我们所看到的那样，真正的独角兽企业，并不太关注这种干扰（即便关注，也影响不大）。网飞公司在几个月内损失了3/4的市值，却从未在公开发布的信息中提及这个问题。如果现在耐克和博柏利真的成了数字领导者，它们可能会效仿独角兽企业的做法：忽略当下的表面现象，专注于寻找新的方法，提供无与伦比的客户价值。耐克和博柏利的故事，都是坚守数字化转型承诺的典型案例。

如何避免"成功"的陷阱？事实上这是一个很难避开的陷阱，只能尽可能地想办法渡过并成功存活。如果犀牛企业真正实现了成功的转型，它自己会知道，它的客户也会知道，这足以让它渡过一段充满失望和怀疑的时期。犀牛企业往往对客户很傲慢，但对利益相关者的意见，却很敏感，尤其是在进入风险实验阶段时。当某件事情的发展出乎意料时，犀牛企业会本能地潜心反思和寻找做错的地方。无论发生什么状况，"我们能不能在已经取得的成就上再接再厉？"只有真正的独角兽企业，才会发出这样的疑问。这个问题能够引领它们取得新的成功，哪怕有时候看起来是极不可能实现的奇迹。请记住，独角兽企业改变事物的目的，不是在转型之后保持稳定，而是推动事物的不断变革和发展。

第二节　掉入陷阱的后果：短短 5 年之内，从数字化转型明星沦为行业失败者

假设你现在需要给哈佛商学院写一个教学案例，主题是 2002 年手机行业成功的战略典范，你会选择哪家公司？你有可能会选择诺基亚，毕竟它在那时候是无可争议的市场领导者、前沿技术的研发者、塞班联盟的创始者，并控制了全球移动操作系统 70% 以上的市场。诺基亚在当时手机行业的各个细分市场，都堪称潮流的引领者，从廉价但坚固的板砖手机，到超级高端的商务机，其实都是诺基亚及其子品牌 Vertu 共同创造的产品。当时的诺基亚，有着最时尚的设计、最标准的用户界面、最大的应用商店，客户不选它还能选谁呢？

诺基亚不仅是全球移动市场的引领者，还将其母国芬兰带入了全球创新经济的第一梯队。这就是世界一流的商学院要研究的公司——而且哈佛大学教授奥扬·索尔维尔和迈克尔·波特确实以诺基亚为分析对象，写了一个令人信服的案例研究报告。案例的教学说明，敦促使用这个案例进行教学的教授，向学生说明这样一个观点：在诺基亚的统领下，手机行业的进入

壁垒很高，因为实际上没有产品可以替代诺基亚手机。在整个案例分析中，他们甚至没有提到一个强大的新进入者进军手机市场的可能性。

但在短短的 5 年之后，iPhone 就来了。当时，它看起来根本不像是一个强大的威胁。诺基亚在移动市场上的亲密盟友——微软当时的首席执行官史蒂夫·巴尔默，在接受《今日美国》采访时说："iPhone 没有机会获得任何重要的市场份额，绝不可能。这是一个溢价高达 500 美元的项目。"[①] 如果有机会重返过去，相信我们都知道巴尔默先生对于"如果给你一台时光机，你会回到过去改变什么？"这个问题的答案。

对于当年手机行业的龙头老大诺基亚来说，苹果公司的 iPhone 看起来不可能成为值得严肃对待的竞争对手。苹果公司仅仅推出了一款定价过高的机型，而在同一年，诺基亚在全球范围内推出了 25 款不同价位的机型，从专注于新兴市场、廉价稳健的诺基亚 1200 机型，到超时尚的 Vertu Accent 法拉利 1947 限量版[②]，等等。这些机型的功能包含了所有尖端的数码创新：3G、GPS 导航、130 万像素摄像头、录像机、电子邮件、音乐播放器……在投资者看来，诺基亚是新兴的互联网热潮的

---

① http://www.businessinsider.com/heres-what-steve-ballmer-thought-about-the-iphone-five-years-ago-2012-6.
② 诺基亚 2007 年公司报告。

关键受益者，且绝对没有辜负投资者的期望。诺基亚的市值在2007年达到峰值2 500亿美元，几乎是当时苹果公司市值的6倍。高达75倍的市盈率也表明市场绝对相信诺基亚的光明前景[①]。

诺基亚的战略赌注几乎是完美无缺的，它是最早认识到移动互联网潜力的公司之一，早在1998年就将其列为优先事项。它是推动所有相关行业标准（如WAP、3G或蓝牙）发展的主导力量，也是塞班系统的创始人，还是世界上最流行的移动操作系统的拥有者。它与IBM、英特尔或微软等所有主要行业参与者都保持着活跃的联盟关系，此外其产品设计能力也是首屈一指的。但老实说，没有人是十全十美的，企业也一样。诺基亚低估了无线网络技术的潜力，因而更倾向于使用蓝牙，而不是利用更高效的无线网络技术。然而，这样的失误，绝对不是为一家全球销售额超过500亿欧元的公司带来灾难性后果的决定性因素。

---

① 市盈率（P/E）是股票价格除以每股收益的比率，显示了公司经过多少年，投资可以通过股息全部收回。两位数或三位数的市盈率意味着，投资者预计该公司的净利润将在不久的将来大幅飙升。

图 3.11　手机行业中，诺基亚也是开发创意界面的领导者

其实很多人认为，iPhone 的到来对诺基亚而言是一件幸事。自从引入苹果公司这家杀手级竞争对手后，诺基亚公司的市值持续了近两年的增长。管理学的理论告诉我们，苹果这家花哨的新公司，会推动用户对移动互联网的需求，而像诺基亚这样经验丰富的市场老手，一定会借此获得最大的利益份额。这看起来似乎完全正确，诺基亚移动设备和服务的销量，的确在 2008 年出现猛增[①]。然而，2008 年苹果在资本化方面已经超过了诺基亚，尽管幅度很小。随后的全球金融危机让两家公司以相似的速度下滑。这有些出人意料，因为苹果的产品非常单一，是典型的"所有鸡蛋都放在一个篮子里"的高档产品，而

---

① 由于诺基亚的公司改制，这些数据很难与 2007 年进行直接比较，但诺基亚对自己 2008 年的业绩非常乐观。

诺基亚的产品组合，在各个细分市场的分布都很均衡。2009年底，苹果股价开始暴涨，但与此同时，诺基亚开始出现了一些问题。

诺基亚 2009 年的股东报告，用了一张怀旧的照片做封面（如图 3.12）。照片中一个人正在挑拣一堆黑胶唱片。或许选取这张照片的意图，是为

图 3.12　诺基亚 2009 年股东报告的封面

了将"昨天的技术"与诺基亚的前沿创新形成对比。多年之后回过头来看，这张照片的意义就与其初衷大不相同了。它看起来就像一个预言，即诺基亚的产品，很快就会像 20 世纪 60 年代的唱片一样，近乎被淘汰。

翻开这张封面之后看到的财务数据，丝毫无法令股东感到放松或安心。截至 2009 年，诺基亚的销售额已经连续两年下降，从 2007 年的 500 多亿欧元，下降到 2009 年的不足 410 亿欧元。利润下降的速度更快，从近 80 亿欧元缩水到 12 亿欧元。这些警示性的财务信号是无法被忽视的，诺基亚肯定在竭力寻找应对挑战的办法。

在 2009 年的年报中，诺基亚表示将"强化产品组合"，推

出了 9 款新机型，其重点将聚焦于客户服务。从诺基亚钱包到音乐服务 Ovi，再到 NAVTEQ 导航系统的种种表明，诺基亚充分了解当前移动领域的制胜秘诀在于内容而非设备。

时间推进到两年后的 2011 年，诺基亚公司的报告，看起来更像是高举一面宣告失败的白旗。年报中不再包含充满隐含意味的图表，而是直接介绍了 3 款新手机。而这些新机型，看起来与当时手机市场上其他品牌的产品十分相似，在某种程度上，会令人想起那个"溢价 500 美元的极客玩具""永远不会获得可观市场份额"的竞争对手 iPhone。其财务报表更是灾难性的，在 2010 年销量和利润获得一定回升之后，诺基亚该年度的销量和利润都创下新低，经营亏损超过 10 亿欧元，并陷入严重的财务赤字。

可能诺基亚的故事还没有彻底结束，但在写这篇文章的时候，这家公司的市值比 2000 年时低了约 7 倍，比苹果目前的市值低了约 15 倍。

"事情怎么会发展到如此地步？"唐·柯里昂（Don Corleone）的这句话是研究诺基亚案例的商业研究者或管理者，最应该提出的问题。在短短 4 年的时间里，21 世纪前 10 年无可争议的手机市场领导者、关键技术的创造者、行业设计潮流的引领者诺基亚怎么会输给在该领域几乎没有经验、销售渠道完全不同，甚至定价策略也故意将大多数客户排除在外的新来者

"苹果"？怎么会这样？即使是克莱顿·克里斯滕森（Clayton Christensen）提出的颠覆性创新的辉煌理论，也没能给出答案。根据克莱顿的研究，一个市场领导者，应该担忧的是那些向边缘客户提供廉价产品的小竞争者，就像20世纪80年代的个人电脑与企业的小型和大型计算机之间的竞争那样。从某种意义上说，iPhone以及后来的安卓设备（它们吃掉了诺基亚的大部分市场份额），并没有遵循这样的市场规律。iPhone的价格昂贵，在很多方面都不太实用，而且对于2007年的普通用户来说操作太复杂。

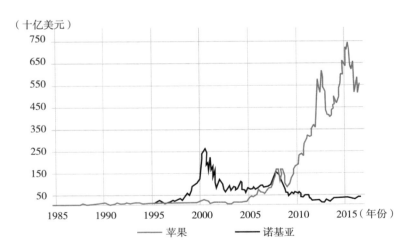

图3.13　诺基亚市值和苹果市值的动态对比

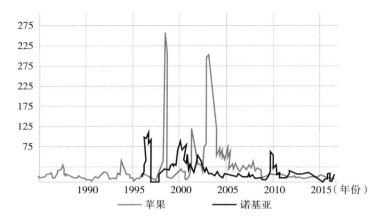

图 3.14　诺基亚和苹果的市盈率动态对比

现在，回顾了数字化转型的 7 个陷阱之后，我们可以更清楚地看到，为什么诺基亚会遭遇惨败，即使这个失败并非完全无法避免。诺基亚首先陷入了"成功"的陷阱。在收获了数字化转型的所有市场利益之后，诺基亚一度对如何进一步发展感到困惑。诺基亚也在技术上存在一定的傲慢姿态（即陷入了"我绝不逊色于史蒂夫·乔布斯"的陷阱）。在这个方面，诺基亚认为自己研发的每一项技术，都是绝对一流的，而这种傲慢，导致塞班（Symbian）这个在 21 世纪前 10 年全球最领先的移动操作系统，无法变成可以匹敌 iOS 和安卓系统的真正竞争对手。因为后两种操作系统，带来了对架构的全新理解，并主要依据生态系统的概念进行研发。诺基亚后来尝试过数次通过并购独角兽企业夺回市场主导权，但都没有成功（这又是一个陷阱）。一夜之间，拥有世界上品类范围最广的手机，能够满足所有口味和阶层需求的产品组合，即"将鸡蛋放在不同的篮子里"，不再是一种资产，而是一种负债。在全新的数字化时代，犀牛企业更需要专注的眼光和行动。

不过，如果我们能够乘坐时光机回到过去，并发现自己处在 2006 年，需要承担管理诺基亚的责任。我们拥有与他们当时完全相同的知识量，也不具备任何预见未来的能力（因为这是一个能够让回到过去的人，看起来比所有人都更聪明和有远见的金手指），那我们很可能会引领诺基亚掉入同样的陷阱。数字化转型包含的陷阱之所以如此危险，正是因为所有的企业在按照最合理、最稳妥的路线行事的情况下，依然无法避开。

第四章

数字化转型的正确方式

第一节　在开启数字化变革之前

在充分了解了数字化转型过程中的七个致命陷阱之后，犀牛企业就可以开始制定规划，推动企业向独角兽企业转型了。无论何时，都应该牢记的一点是，数字化转型在本质上不是技术的问题。在数字经济的世界里，犀牛企业需要被彻底重塑，才有可能像新的商业领袖——独角兽企业那样强大并适应新经济环境。对于犀牛企业来说，转型任重而道远。在踏上转型征程之前，企业上下都要摆正心态，做好失败的心理准备，既要学会坚守初心，又要学会因时而动。即使是最成熟的犀牛企业，也需要以虚心而开放的态度，接受全新的理念。

做好失败的心理准备

首先,要做好失败的心理准备,有时甚至要做好惨败的准备。正如我们所看到的,与大多数"财富 500 强"巨头相比,独角兽企业的规模还很小。我们也已经看到,在更多的时候,独角兽企业的出现会在短期内破坏市场价值,而不是提升市场价值。这与我们从商业理论中了解到的情况正好相反,即在萎缩的市场中,不可能出现快速的增长。这个理论背后的逻辑很简单:如果独角兽企业,在犀牛企业的市场领域或与之相近的市场领域获得了客户,犀牛企业将不可避免地倒下,例如微软和苹果之间的竞争。二者之间不存在直接竞争,只有一小部分苹果业务挑战了 MS Windows 在传统个人电脑市场的统治地位。尽管如此,苹果还是将人们从个人电脑上赶走,转而依赖于平板电脑和智能手机的使用。在这两个细分市场,微软在争夺市场份额方面存在极大的困难。从图 4.1、图 4.2 中,我们可以清楚地看到,苹果最初的销量明显较小,但之后便呈指数级增长,使得微软的销售动态看起来非常平缓。

同样的模式也适用于其他行业。在零售业,人们可以看到,在亚马逊或易趣销售额不断扩大的背景下,沃尔玛和其他大公司的发展速度甚至更快(见图 4.3)。这使企业规模的问题成为焦点,因为企业规模既可以被视为一种负债,也可以被视

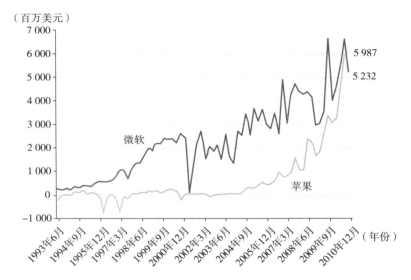

数据来源：http://www.businessinsider.com/chart-of-the-day-net-income-apple-vs-microsoft-2011-4

图 4.1　苹果与微软净收益对比

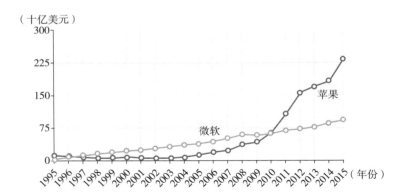

数据来源：https://revenuesandprofits.com/apple-vs-microsoft-revenues-and-profits-1995-to-2015/

图 4.2　苹果与微软收入对比

一种资产。一方面,规模赋予了企业对供应商、分销商甚至客户的权力,这种权力在以基础设施和其他重资产为核心的传统经济中非常重要。另一方面,规模也带来了管理的复杂性,锁定了现金流,在某种情况下,可能使企业明显瘫痪。

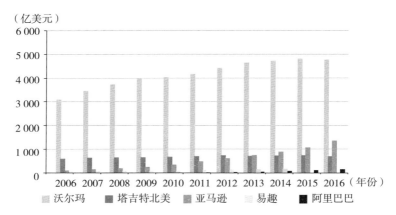

注:2006—2014年,沃尔玛的复合年增长率为5%,塔吉特为2.2%,易趣为13%,亚马逊为26.5%。2010—2016年,沃尔玛的复合年增长率为2.4%,塔吉特为0.4%,亚马逊为22%,中国的新晋巨头阿里巴巴为49%。

图 4.3　沃尔玛、亚马逊、易趣和阿里巴巴的收入增长情况比较

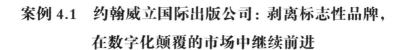

案例 4.1　约翰威立国际出版公司:剥离标志性品牌,在数字化颠覆的市场中继续前进

首先被数字革命颠覆的一个行业就是媒体行业,包括出版

业。到 2005 年左右，纸质出版物阅读长期下降的趋势，已经变得非常明显，不可逆转。虽然线上出版蓬勃发展，但事实证明其很难盈利。这是因为阅读内容的数量正在蓬勃发展，而这些内容大多是免费的。盗版被证明是一个值得重视的问题，尽管还没有达到动摇整个音乐和视频产业的程度。因此，世界上每一家大型图书出版商都必须想办法转型，以适应数字经济的现实。约翰威立是全球学术书籍的主要出版者（同时也是广受欢迎的"懒人手册"系列的所有者），它正在寻找自己的数字化转型方式。

2012 年，威立出售了许多重要资产，包括旅游指南出版产品线（其中著名的弗罗美尔出版社先是卖给了谷歌，后来又转卖给了该品牌创始人[1]），韦伯斯特新词典和 CliffsNotes 学习指南，以及一连串的烹饪书籍品牌（卖给了哈考特出版集团[2]）。后来又出售了宠物和手工艺品的文学作品（卖给了特纳出版社[3]）。从财务上看，这些被剥离的资产可能并不太重要（贡献了整体销售额的 10% 左右），然而公司中的许多人，都将它们视为公司的"旗舰"品牌之一。新韦伯斯特显得尤为重要，因为它在英语世界"统治了半个世纪……成为大多数记者的参考

---

[1] http://fortune.com/2013/03/22/why-google-is-pulling-the-plug-on-frommers/.
[2] https://www.wiley.com/WileyCDA/PressRelease/pressReleaseId-106123.html.
[3] https://www.wiley.com/WileyCDA/PressRelease/pressReleaseId-108057.html.

词典"①。然而，所有这些资产的维护成本越来越高，占用了公司投资数字产品所需的资源，而数字产品是在混乱的市场中赢得竞争的关键。从 5 年的长期发展角度来看，这一痛苦的资产剥离举动被证明是一个成功的战略赌注，这一点从出版社在资产剥离后的股价走势上就可以看出。

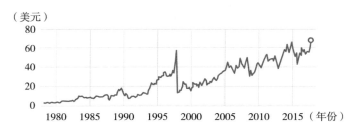

注：在被数字化全面颠覆的出版行业中，这家有着 200 年历史的公司却能保持增长②。

图 4.4　约翰威立国际出版公司的股价动态

商业理论家们早就知道剥离非核心业务的重要性，并鼓励企业聚焦于"战略核心"。通用电气是较早以高科技经济精神为指导行事的先驱企业，早在 20 世纪 80 年代，通用电气就完成了非战略领域业务的剥离。在杰克·韦尔奇担任公司首席执行官期间，他剥离或出售了雇用 10 万员工的 400 多个业务单

---

① https: //www.chronicle.com/blogs/linguafranca/2012/03/21/death-of-a-dictionary-or-abduction/.

② 截至 2018 年 1 月 28 日的股票数据。

元①。然而，犀牛企业要想开展业务剥离还是很困难的，所有这些应该被剥离的业务，都曾是为了企业的积累和发展而建立的。它们有悠久的历史，并被赋予了企业的情怀。为此，犀牛企业可能会废弃掉一块特别不成功的外围业务。但是，在那些曾被视为"核心"的业务部门，缩减规模通常难以推行。

问题是，最容易遭受独角兽企业攻击的，恰好是这些被视为核心的业务。这不一定是因为独角兽企业专门制定了针对这些业务的竞争战略举措，在大多数情况下，这反而是其发展的一种自然路径导致的自然效果。比如，智能手机受到消费者的喜欢，普及率增长很快，苹果或者华为、小米就跟着赚钱，这反过来会提升它们占有的市场份额。这些公司不会召开主题为"让我们干掉个人电脑"的战略会议。然而，它们的市场行动所带来的影响，恰恰取得了这样的效果。

越来越多的商业研究，将业务剥离视为应对数字化颠覆的策略。这些研究结果一致认为，学会剥离非核心业务的传统犀牛企业，在与"数字原生"企业的竞争中能够占据领先优势。要以"客户价值"为原则做出一系列变革的决策，犀牛企业首先需要从情感上剥离几十年来一直在做的事情。不要再说"什

---

① http://knowledge.wharton.upenn.edu/article/theres-just-one-word-for-jack-welch/，见于杰克·韦尔奇的自传《直指人心》中一些丰富多彩的细节（杰克·韦尔奇、约翰·A.拜恩：《直指人心》，华纳书局，2001年）。

么能带来最大的投资回报率"或"这不是我最擅长的事情",而要问"我在哪里能给客户创造最大的价值"。这就是数字化时代思维转型的第一个变革。零售行业的一个很好的例子,就是实体书店自我重塑以适应数字化的现实。

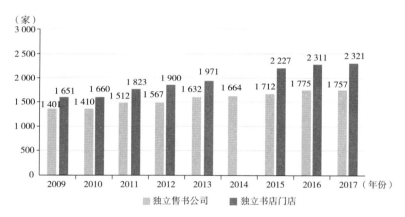

图 4.5　2009—2017 年美国独立书店数量

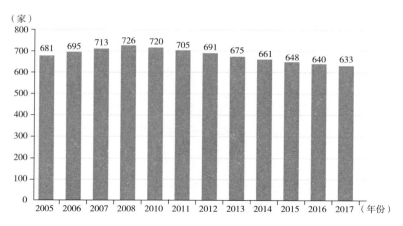

图 4.6　2005—2017 年巴诺书店实体门店数

与纸质出版社一样，实体书店业务也同样受到数字化转型的重创。在图书零售领域，亚马逊这只狂野的独角兽，为达目的，不择手段。其带来的连带效应是，美国最大的实体连锁书店不得不关闭越来越多的门店。然而，令人喜出望外的是，现在美国独立书店的数量达到了历史峰值。为什么？独立书店规模较小，提供的书籍选择较少（书籍的多样性非常重要），价格可能较高（因为它们大多不具备与出版社讨价还价的能力）看起来它们也不具备生存的机会。不过，独立书店还是成功地把书店重塑成了一个让人们拥有美好时光的空间。世界上很少有地方，能够像书店这样令人感到舒适和轻松。在书店遇到的人大多都不错，毕竟一个看书成瘾的人变得癫狂的概率也较小。在书店我们还可以获得一些安静的私人空间，所以适合安静地完成一些工作。因此，作为小型书店的老板，你创造了大量独特的客户价值，你只需要围绕它建立一些能够带来经济效益的运营体制即可。

犀牛企业的规模能变小吗？按照犀牛企业的定义，不太可能。在这里，我们又遭遇了犀牛到独角兽转型的一个"关键矛盾"：犀牛企业的本质是做大做强。但为了创造客户价值，对抗独角兽企业，它又需要做小，亲近客户。成功转型的关键，在于找到适合不同犀牛企业的具体方法，绕过这个矛盾，做到

既要小又要大 [1]。

坚守初心或因时而动

学习如何处理这类困境，我们将看到数字化转型思维的第二个关键要素：不存在基于明确的一系列"待办事项"的笔直的成功道路。当我们把数字化业务的成功案例提炼到最本质的时候，就会突然明白，几千年前说的一句话，已经精炼了其背后的规律："万事万物都有定时，天下万物都有时节"（《传道书》第3章）。同理，在商业世界中，企业的业务有扩张的时候，也有剥离的时候；有降低成本的时候，也有花光每一分钱的时候；有玩大的时候，也有玩小的时候。最重要的是，在数字化转型的世界里，有时候需要坚守转型初心，有时候需要灵活地因时而动。

每一个独角兽企业的成功，都离不开这个核心的原则。Youtube一开始是一个交友网站，Twitter一开始的定位是一个吸引播客的视频分享网站，Instagram则作为一个地理定位分

---

[1] 发明问题解决理论（TRIZ）的人知道如何在工程领域解决这一矛盾：确保覆盖大范围表面的薄膜分为单独的层级使用。这些薄膜既小（薄）又大，并有助于解决很多任务的难题。例如，肥皂泡（被薄膜隔离的空气）可以用来指示大型工业建筑中的空气流动。http://www.altshuller.ru/school/school24.asp，http://www.altshuller.ru/triz/triz2.asp。

享的互动小游戏推出。数字化行业的领军企业知道在最初的规划行不通的时候，如何改变自身。每一个伟大的创意，都会有一个市场机会的窗口，而如果你发现这个窗口对你来说已经关闭了，那么最好转去寻找其他的机会，利用自身的技术，为客户提供价值，并获得利润。

现在，"转型策略"成了一个新热词，一些想要转型为独角兽的企业，每隔一个月就会宣布一系列的转型策略。事实上，"转型"是独角兽企业带入商业战略领域的一个最重要的新概念。犀牛企业从不"转型"，它们要么按照原来的运营方式存活，要么被市场淘汰。就拿福特埃塞尔或新可口可乐来说，当计划没有按照预期的方式运作时，它们就会直接放弃。而独角兽企业则发现，在成功和失败之间存在中间地带，存在再次尝试的机会。无论创业的举措是否成功，独角兽企业总是能够从中获得一些有用的东西，无论是客户的联系方式、技术的碎片或是剩余的资金，最重要的是，它们有时候能够获得一个团队。如果我们能够尽早积累这些资源，并将其用于另一种提供客户价值的方式上，或许会出乎意料地触及一些非常有前途的东西。因此，转型的关键不是要在短期计划行不通时改变计划，而是要根据想法和技术以及在实际的市场测试中了解到的情况，重新评估客户主张的核心内容。

然而，并非每一个没有按照预期推进的情况，都适用这个方法。根据投资人的情绪或客户的快速反馈，简单地了解到推动销售比预期更难之后便立即改变，大概率会一事无成。最新且最典型的案例，莫过于印度版淘宝 SnapDeal。这家独角兽企业，在 3 年内 3 次改变商业模式之后，在 2017 年 6 月遭遇了融资运营的困境①。一些有影响力的调查数据显示，总体来看，17% 的重大创业失败，原因是缺乏正确转型的能力，22% 的重大创业失败，是由于无法坚守最初的计划②（创业失败的其他原因，则是创新企业没能在适当的时候，建立其独角兽经济）。

案例 4.2　西尔维斯特·史泰龙的故事

西尔维斯特·史泰龙在电影业的故事，可以被视为坚守初心的典范。他把成为电影演员作为人生的终极目标，并且在这条道路上不接受任何妥协。为了不被人歧视或被迫放弃梦想，

---

① 每一次的转型都得到了大部分观察者的欢迎。https://economictimes.indiatimes.com/industry/services/retail/how-changing-its-business-model-helped-snapdeal-turn-around/articleshow/44965569.cms 或 2016 年的 http://indianonlineseller.com/2016/11/after-rebranding-snapdeal-changes-business-model-further-focus-on-cost-cutting/.

② https://www.cbinsights.com/research/startup-failure-reasons-top/，在"无法坚守"的情况下，主要的原因是"缺乏激情"和"失去焦点"。

他拒绝任何其他行业的长期稳定工作。然后，他写了《洛基》的脚本，并找到了愿意花 2.5 万美元购买版权的人，这可是 20 世纪 70 年代末的 2.5 万美元。当时的史泰龙已经陷入绝境，穷困潦倒到不得不把心爱的狗卖给一个陌生人。然而史泰龙要求扮演洛基角色的想法被拒绝了。为此，他拒绝了这笔交易。然后，他找到一家电影公司，对方愿意支付 37.5 万美元的报酬——但也没有他的角色，他又拒绝了。最后，电影公司屈服了：他们买下了剧本，并允许史泰龙扮演主角。但支付的金额从 37.5 万美元变成了 3.5 万美元，公司声称这是公平合理的风险分担。① 然而，正是史泰龙对目标的坚守，让不可思议的事情成了现实。另外，这也是"幸存者错误"的典型例子。西尔维斯特·史泰龙自身的确是一个很有才华、很有干劲、很有价值的人，当机会来临时，他抓住了机会。然而，如果你和生活在好莱坞街头的人交谈，你可能会听到成千上万个有相同的开头，但结局截然不同的故事。这些没有被幸运女神眷顾的失败者，或许同样有抱负、有动力，甚至可能也是有价值的人，但他们的机会却从未到来。这就是为什么"转型"的概念如此重要，因为如果你过度固执地盲目坚持，很有可能最后一无所获，这无关个人

---

① 这个流传甚广的故事有各种不同版本，每个版本的细节不同。如果有兴趣，可以网上检索几个版本阅读，例如可点击 http://www.almorel.com/2011/11/the-amazing-story-of-the-making-of-rocky/。

的错误，而是纯粹的运气不好。最后，还需要问的一个重要问题是：你真的那么确定自己像史泰龙那样优秀吗？

"行业新手"的领导力

在一个有着层层等级制度、业务部门和管理部门的犀牛企业中，坚守初心还是转型的问题，会变得异常复杂。企业内部总是存在各种各样的意见，这是因为有些人害怕失去权力，有些人则渴望得到权力，个人的意图总被掩盖在精心设计的投资回报率、净现值和内部收益率的商业案例下。总是对企业的战略指手画脚的股东，只会让局面变得更加混乱。此外，还有供应商、分销商和员工等其他方面的拉扯。这些都必须得到引导、调动和管理。作为犀牛企业转型的领导者，要有强烈的成功动机以及对废话零容忍的态度。因此，犀牛企业向独角兽企业转型的第三个关键要素，就是"行业新手"的领导力。

记得吗？在中世纪的传说中，独角兽这种狂野而凶猛的野兽，只屈服于处女的驱使。而这个比喻，以惊人的准确性，描述了大多数的数字独角兽企业的领导者。亚马逊创始人杰夫·贝佐斯不是书商，优步的创始人特拉维斯·卡兰尼克不是出租车司机，特斯拉的创始人埃隆·马斯克的背景与零售金融和火箭科学相去甚远。缺乏某个行业的传统、既定的游戏规则和情感情怀的背景和经验，让独角兽企业的创始人能够大胆重塑任何必须重塑的东西。犀牛企业的领导人，也需要同样的"行业新手"的能力，来重新评估和重新设计业务的基本要素。

然而，要在一个历史悠久的犀牛企业中找到一个带有新手气质的领导者，难度要大得多。如果他由企业内部晋升，那么他的知识、经验和对企业历史沿革的感情，就会成为转型的负担。很少有人会因为公开宣称"我们需要彻底颠覆企业的基础"而得到提升。当企业利益相关者选择招募外部人员时，情况也是如此。在对外招募的情况下，首席执行官在新上任时就强调"不管股东说什么我都不在乎"，同时要求员工"忘掉你们所谓的几十年的经验"，这或许需要真正的勇气。当然，这些犀牛企业过去也是由具备革新精神和有远见的人创立的，但随着时间的推移，它们却学会了把注重执行力的保守派推到管理的最高层。不过，通过将"全新的视角"带入犀牛企业，还是有希望可以取得惊人的成就。

潜行者：能够带领犀牛企业完成数字化转型的人

在踏上数字化转型的征程之前，犀牛企业应该做出的三个基本的心态改变是：

1. 不要再执着于规模；
2. 知道不存在直通成功的平坦大道，且必须创造性地运用坚守初心或因时而动的模式，在必要时，或坚守最初的策略，或积极转型；
3. 丢掉视为珍宝的历史经验，寻求新手的领导力。

犀牛企业成功转型的故事之所以如此罕见，原因在于前述任何一种思维方式的转变，都已经是难以企及的奇迹，更不要说为了实现一家规模庞大的犀牛企业的转型，类似的思维转变或许需要进行成千上万次。然而成功的案例的确存在，我们将在下文论述。这些成功的转型得益于其变革性的领导者，他们不仅能够改变自己的信念和对企业的态度，还能够启发、领导和教育周围的人实现思维的转变。

正如我们知道的那样，如果一家犀牛企业，按照对它来说很舒适、健全、符合逻辑的转型路径行事，那么它肯定会至少掉入前文提及的七个转型陷阱中的一个。想要在数字化转型的世界中取得成功，犀牛企业需要一种全新的逻辑，甚至是看似不通的逻辑。20 世纪 70 年代，苏联的一本科幻小说[①]提供了

[①] 《路边野餐》（1971 年），作者是阿卡迪和鲍里斯·斯特鲁加茨基，这本书在 1979 年被大名鼎鼎的导演安德烈·塔尔科夫斯基翻拍成了《潜行者》（虽然电影中的故事与书中大相径庭，但"域"的设定依然存在）。

一个很好的比喻。在小说中，一些外星人入侵了地球，只停留了很短暂的时间就离开了，但却对到访过的地方造成了永久性的破坏。本质上来说，外星人遵循了与地球上很多地方相同的物理学原理——他们也有三维空间、引力和时间等概念。但不同的是，地球人熟知的物理学原理，可能会意外地不再发挥作用，地心引力消失了（或突然加大），能够瞬间压扁一辆汽车；空间变成了循环，人们总是会回到最初的出发点；时间加速了或减慢了；没有什么物体是安全的，任何东西都可以杀死你，哪怕是那些无生命体。同时，每件物品都成了颇具价值的艺术品，可以给人带来巨额的财富。这个地方，被称为"域"。

被数字化力量冲击的商业领域，也可以被称为"域"。在这些领域，我们熟知的经济学基本规律依然普遍存在，然而有可能在某个地方、某个时候，这些规律不再发挥作用。看似金矿的业务，可能会导致捡起它的企业消亡，同时一堆看似没有存在感的垃圾，也可能将一家企业推上财富榜和福布斯榜。优先级别变得模糊，常规逻辑常常被藐视，直觉成了最佳的决策依据，这或许是商业数字化带来的一个最意想不到的结果。因为大约在过去一个世纪里，所有商业领域的决策，都致力于排除直觉因素。

企业提供"预期"结果的能力（如通过经济分析和商业

媒体），被视为管理科学的一个关键成就。与任何其他科学一样，管理学的原理认为，如果企业按符合逻辑的步骤解决问题，就不会错。半个世纪以来，这种方法取得了相当显著的良好效果，但后来发生了一些变化，然后数字化的颠覆就出现了。

这就是为什么我们要援引被外星人侵袭的"域"作为比喻，在这个"域"中，空间、时间或重力等习以为常的概念，都不能再被视为理所当然的存在。类似地，被数字化颠覆的行业的管理，也不再能够遵循我们过去惯用的"科学"。事实上，在这些被数字化颠覆的行业中，90%甚至是99%发生的事情，都仍然符合已知的市场理论，然而剩下的10%或1%，却会给企业带来灾难性的变化。原因是这些企业依然按照它们了解的一些不可改变的"基本经济"原理进行运作，并盲目地坚信这些原理，在"所有这些时髦的炒作"过去之后，依然能够发挥作用。

在这样一个完全不确定的市场环境中，谁敢担保一家企业绝对能够存活，甚至繁荣发展呢？在前文提到的科幻小说中，少数冒险家组成的一个小分队，会非法闯入"域"内盗取有价值的文物，他们被称为"潜行者"。他们设法发展出新的技能和感官，让他们能够在未知的"域"中分辨出什么是安全有效的，什么是致命危险的。有了这些能力，他们能够感知常规物理学的破坏何时到来，以及如何应对。当然，他们的人员折损也很大，但幸存下来的潜行者，设法带回了地球人从未见过的好东西。

同样地，在数字化转型的行业和市场中，也存在一些知道如何获取业务的企业潜行者。这些人能够区分灾难性的并购可能性和创造新财富的机会。他们知道开发人员和营销人员应该集中精力在新产品的哪些功能上，而哪些功能只会延迟产品的有效推出。他们知道企业珍视的资产中，哪些应该被剥离，知道如何解决"何时坚守，何时转型"的两难问题，以及如何在最传统的犀牛企业中，应用一个新手的领导力。

但这样的人才显然不多，因此想要找到足够的此类人才来参与企业的数字化转型，将是一个巨大的挑战。更糟糕的是，劳动力市场上不乏声称"能够完成数字化转型"的高管，但事实上他们并不能做到。而且，具备数字化转型能力的人才也不存在明显的人口结构特征。不久前，CB Insights 的分析服务，曾评选出 64 位数字世界的领导者[①]，并邀请读者选出"最令人钦佩的一位"。这份堪称"独角兽世界最有影响力的人群集体画像"的榜单，上榜的对象有些出乎意料。如果你相信商业媒体和投资人的传说，并期望大部分上榜的人都是 30 岁出头的

---

① https://www.cbinsights.com/research-tech-ceos.

大学辍学者，那你就大错特错了。榜单上的一位"集体数字领袖"在 2017 年 10 月 2 日年满 50 岁。数字化企业的领袖人物首次创业的年龄确实很早，25 岁就开始了，但目前这家名利双收的数字化企业是 10 年后创建的。此外，64 人中只有 10 人从大学辍学，而他们中的很多人都拥有多个学位。

这也证实了我们反复论述的一个观点，即独角兽并不意味着毫无章法地疯狂行事。所有的决策都是精心策划的结果，不仅基于企业领导个人的愿景，还基于行业经验和庞大的学术知识储备；甚至他们的年龄也功不可没，因为在数字化领域高风险的环境中经营公司、与精于算计的风险投资人谈判、带领员工进入未知的陌生领域，所有这些任务都需要领导者具备"一定的分量和地位"。

当然，犀牛企业也可以尝试从外部引进有能力推动数字化转型的人才，但这始终是一个挑战。如果选择从外部引进人才，犀牛企业面临的第一个大问题，就是如何吸引、留住这些人才，以及赋予他们多大的权力，才有可能实施转型和变革。如果你的确找到了这样的人——既有大胆的远见，又有实力实施远见的高度成功人士——那么你可能还需要很多个这样的人。而且他们有可能在未来自主创业，成为成功的数字企业家。毕竟在数字化的世界中，这是能够带来金钱和荣耀的职业。首席数字/转型/变革官或随便什么名头的职位，对他们而言，往往看起来像是对自己伟大梦想的妥协。

　　犀牛企业面临的第二个挑战，是如何让传统的组织接受这些人，并沿着响应变革的路线快速前进，以积极的态度和方式，致力于着手解决转型的紧迫任务。如果犀牛企业自身没有转变的觉悟和决心，没有任何一个小型的转型者团队，能够推动一家有着成千上万员工的犀牛企业实现真正的转型。在规划数字化转型路线图时，我们会解决这个问题，但首先我们需要确保犀牛企业设定了一系列切实可行的转型目标。

第二节　数字化转型的三大策略

　　数字化转型的力量以不同的方式影响着不同的行业。在某些情况下，一些行业的本质，有利于它们迅速过渡到完全数字化的商业模式；而有一些行业的企业，其业务的特质似乎强烈地抵制了数字化的颠覆。从数字化转型实现的潜力来看，行业可以大致分为以下三类。

　　可全面数字化的行业：这个行业的产品由字节而非原子构成（即互联网产品而非实物产品），因此可以通过互联网轻松实现转型。这个行业与价值链上的终端客户之间的关系十分紧密，且几乎不存在商业模式和战略的外部监管。

　　可数字化包装的行业：这里包含了主要依赖于实物产品，

但同时也与终端客户打交道的行业；或与互联网产品打交道，但受到外部严密监管的行业（银行业就是一个很好的例子）。

可数字化增色的行业：那些在企业对企业电子商务模式（B2B）环境下开展大部分业务的行业，它们远离终端客户，且产品是真正的"实体产品"。

这三类行业的数字化转型，在"做什么"和"怎么做"上存在着显著的差异。在探讨这些差异之前，我们需要先回顾一下历史，了解为什么从20世纪60年代就开始大规模投资"信息技术"的大公司，会尴尬地发现它们根本不懂数字化。

20世纪90年代，世界上所有重要的大型企业，都在广泛使用计算机来分析和促进其业务发展。越来越多的银行业务通过信息交换完成，而不再通过现金或支票进行交易。零售业巨头，正在引进复杂的库存管理系统（沃尔玛甚至拥有几颗空间卫星，确保数据在其门店之间的交换和共享[1]）。所谓的企业资源计划（Enterprise Resource Planning，ERP）系统曾是一个热门话题，有望为企业管理带来新的质量飞跃。这个"信息技术"的世界正以稳健的步伐向前发展，常常带来明显的效率提高。它看到了它的使命是促进世界大型企业的工作，而不是带来破坏和颠覆。

---

[1] http://emergingtechnologiesis.blogspot.ru/2007/10/wal-mart-satellite-communication-system.html.

但与此同时，在商业世界的外围，一些不知名的新技术正在出现。我们所知道的"数字"，就是从一个小而独立的商业互联网世界起步的。在1993年，第一款"互联网浏览器"（Mosaic）面世时，已经可以使任何人都能够轻松地浏览网络，无论其计算机技术水平如何。这为电子商务开辟了道路，推动其以飞快的速度发展。

这看起来不像是重要的创新。毕竟，20世纪80年代初以来，世界上已有各种面向消费者的计算机网络，如法国的迷你网（Minitel）和英国的普利斯特（Prestel），甚至还有网上银行和电子商务。然而，这些信息技术保持着温和的进化发展，没有人会宣称它们能创造一个"新经济"。所有这些早期的网络系统，都是由规模庞大的、成功的、受人尊敬的"犀牛企业"推出的，它们以一种非常"犀牛"的方式行事：为封闭的、受严格控制的系统开发服务，并监测这些业务的财务回报，以便开展进一步投资。然而，这些业务的回报并不可观。

案例4.3 迷你网 VS 互联网

1990年，全世界的互联网用户数量达数万人。同年度，在法国，地方数字网络迷你网的终端机超过500万台。这些终端机允许用户阅读新闻、购买电影票、进行部分银行业务操作，等等。其提供的大部分服务，仍是刚刚兴起的互联网需要学习的事情。迷你网的渗透率在1994年达到顶峰，当时安装了近650万台终端机，大约每3个法国家庭中就有1台。从那时起，其数量就开始不断地下降——因为互联网用户的数量正在迅速攀升。为什么老牌的、在很多方面更发达的系统，没能经受住后来者的冲击？

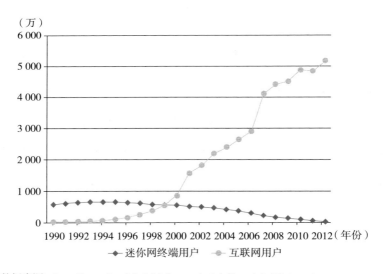

数据来源：http://www.inaglobal.fr/telecoms/article/du-minitel-linternet.

图4.7 迷你网终端用户与互联网用户增长速度

答案的关键在于，迷你网是一个封闭的系统，由传统的大型国有企业电话电报公司和邮电总局经营。它允许其合作伙伴为该系统提供开发服务，但这些合作伙伴本身就是来自媒体、金融或零售业的大企业。在千年之交，该系统有一份令人印象深刻的服务供应商的名单，数量多达 2 000 家，但这份名单自此之后没有再增加任何新成员[①]。

相比之下，互联网是一个开放的系统，任何人都可以在上面提出任何形式的倡议，创建任何形式的网页。一个相对不为人知的事实是，网站数量的增长速度，远远超过互联网用户数量的增长。在 20 世纪 90 年代初，每 10.8 万个互联网用户就有一个网站。到了新千年，这个数字下降到每 24 个互联网用户就有一个网站（2014 年，进一步下降到约 3 个互联网用户）。也就是说，用户数量和网站数量是一个数量级的。互联网的受众，在很大意义上是在迎合自身的需求，因此产生了数量惊人的各种内容和服务。诚然，大多数网站一年的访问量只有几个人，但它们同样也是整个网络客户价值的重要贡献者。正是由于互联网生态系统的快速发展（得益于技术的开放性和分散性），使得互联网比迷你网等封闭式和集中式网络更具竞争力。

[①] https://en.wikipedia.org/wiki/Minitel.

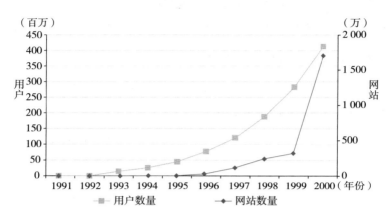

图 4.8　互联网用户数量和网站数量的增速

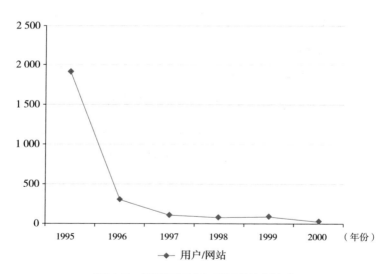

图 4.9　互联网用户与网站的比例变化

相比之下，互联网是作为一个开放的环境出现的，允许任何人做任何事情，包括商业模式的实验。得益于积极供应商数量的激增，互联网的在线服务在客户方面的渗透率也急剧上升。这些供应商的启动资金不多，但创意很多。此外，这些供应商还有大批新人转战线上为它们工作。通过这个雪球效应，数字世界开始初现雏形。线上部分的运营是免费的，而线下是要花钱的，所以要想出一个可行的商业模式，就必须发明一种方法，把尽可能多的东西带到线上。然而，随着数字化内容的扩张，它在整个商业宇宙中只占据了很小的比例。这是1995年前后的情况，当今第一批重要的数字业务就在那个阶段开始形成。

时间快进到2010年。经过数百万次的商业实验之后，这个原本成功率在1%的系统，不仅实现了数量的激增，而且在质量上有了巨大的进化。最早的电子商务爱好者使用的是很基础的电脑，仅作为大型电脑公司的一个外围利益市场进行运作。不过，这些电子商务的爱好者还是很快明白，在做生意的同时，不仅仅能够通过商品和服务的交易获得金钱利润，还产生了数据，而数据是数字世界的核心。在线零售商或社交媒体网站与客户互动的每一个环节，都被记录下来，成为数据，这是传统信息技术系统时代无法实现的，因为那些系统只会机械地复制账本上的数字。

数据的概念，在很大程度上，将世界由外而内（或由内而外）地颠覆了，使得20世纪80年代，甚至90年代对信息技术的大部分投资被淘汰。在线下的实体世界里，数据的价值在理论上同样不低，但极难捕捉。例如，到底是谁在自动贩卖机上买了一瓶汽水？是男性还是女性？具体在什么时间购买？他还去了什么地方？是否还购买了别的东西？这个购买行为，是常规的购买模式，还是偶然的心血来潮？一个世纪以来，哪怕可口可乐的营销分析师想尽办法去获取这些消费者行为相关的数据，他们依然只能得到非常粗略的估计。

网上销售能够自动获取消费者的数据，这对于各行各业的企业来说，都是非常有趣的。于是，大数据应运而生，电脑能够越来越精准而充分地捕捉线上消费者非常细微和不明显的消费模式。这样的精准分析，已经给一些行业带来了庞大的利润，使其成为其他行业羡慕的对象。显然，以数字化的方式运营，能够带来企业利润的增长。因此，当今的商业世界是一个数字化的世界，这已经成为一个默认的事实。当然，广袤的线下商业世界仍然存在，它们天然抵触数字化。即便如此，它们现在也已经成为无处不在的数字化世界的一部分。

"数字化"的世界来临了，这些体系仍以实体的方式运作，但却由数字智力引擎驱动。在这样一个数字化的时代，几乎每一种业务的每一个流程，都可以在很大程度上实现数字化。企业面临的挑战将在于如何利用这种技术推动创造客户价值。为此，按照数字化潜力将各个行业进行分类将具有现实重要性。

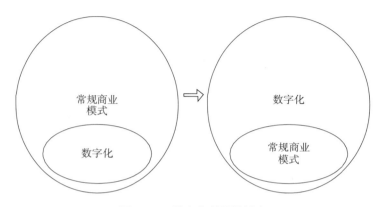

图 4.10　数字化世界的扩张

全面数字化

这些行业的产品都是互联网产品（由字节构成），而不是实物产品（由原子组成）。这些行业在创造新的商业模式、为客户提供价值方面不存在障碍。

这些行业最容易受到数字化的颠覆，为了生存和获得竞争优势，这些行业的企业需要重新定义客户价值，并相应地重新设计其商业模式。

这些行业大多数都属于"平台"和"生态系统"领域，这些都是数字化转型带来的商业战略新概念。何谓生态系统？这个词源自生物学领域，指代自然界一系列特殊力量的组合，如光、水、风、温度等，能够促进特定生命物种的繁衍，且这些物种在该生态系统中能够共生。

珊瑚礁就是一个很好的生态系统的例子：在热带海域，珊瑚生长在岛屿的斜坡上。珊瑚的存在减缓了水的循环，使附近的水域变成温暖的死水，水中富含各类浮游生物。这些微小的生物是多种鱼类的食物，丰富的小鱼群进而吸引了更大型的食肉动物，如梭鱼或鼠兔。当掠食者死亡时，它们的尸体会被螃蟹吃掉，等等。在这个生态系统中，每一种生命个体都在繁衍生息，追求自身种群的生存和增殖的目标，然而当它们这样做的时候，又促进了所有其他珊瑚礁"居民"的生存。

数字生态系统的运作模式与珊瑚礁极为相似。数字生态系统以一个"平台"为中心，即以一种奇特的方式促进交易的产品（通常是一个软件），例如谷歌搜索、苹果应用商店或脸书平台。诞生伊始，这些平台也不过是延伸出来的一段计算机代码，客户、广告商、应用程序的开发者尚待就位。平台就是数字生态系统的珊瑚礁石，固化数字生态系统，并促进参与者之间的共存和交流。到了后来，每个与平台合作的人，都像是礁石上不同的生命个体：一些用户不存在特别的商业目的，例如那些通过谷歌搜索网页或在脸书上发帖以保持与朋友联系的用户；其他用户或希望在平台上打广告，或寻求娱乐性应用的开发和使用（这些应用可以按下载或订阅付费出售），或者以其他方式（如通过广告）盈利；此外还有推广这些应用程序和提高广告效果的专家，他们开发了先进的软件，以锁定消费者和管理活动，等等。

所有这些使用者，在法律上都是相互独立的、追求各自目标和策略的个体，但实际上却在平台上形成了和谐共生的关系。随着时间的推移，不同用户群体之间的相互依存性变得越来越强，广告的相关性也日益增强，这也使得平台的聚集效应变得越来越好，应用开发者能够创造出越来越多吸引用户的界面，而终端用户也学会了一定的方法，优化自身的平台使用体验。这种积累的经验，其实是一个数字平台的关键竞争资产，即如果该数字生态系统的参与者想要转移到另一个平台上，他很快就会遇到很多不便，必须花费一定的时间来学习如何在新的平台上运营，因此，在其他条件相同的情况下，留在熟悉的平台上，会令用户感觉更舒服。用一位著名的商业战略理论家的话来说："协调本身，可以成为优势的来源，这是一个非常深刻的原则。战略协调，或者说一致性，不是临时的相互调整。它是通过政策和规划，强加给系统的一致性。"[1] 这是对适

---

[1] 理查德·鲁梅尔特. 好战略和坏战略[M]. 北京：中信出版社，2012.

合"全面数字化"战略企业的工作重点的完美描述。

更重要的是，平台之间有时候会相互强化，虽然有时违背了平台自身的意愿，也违背了竞争的直接逻辑。谷歌和脸书实际上共同推动了博客系统（WordPress）创建内容的流行；而脸书经常推广可以从应用商店或谷歌应用下载的移动应用。同时，所有这些平台，以及亚马逊云、贝宝（全球最大的在线支付平台）或阿里巴巴，都是无数的数字创业公司的跳板，使这些企业能够在全球范围内推销产品、创造更复杂的用户体验、建立和扩展必要的计算能力或负责支付和结算。有了这些平台生态系统，这些数字化企业进一步促进了全球市场的数字颠覆。

在"全面数字化"的产业中，围绕平台建立的一系列生态系统面临的关键战略问题，是如何为自己的业务找到合适的定位。自主搭建平台似乎是最有前途的方向，也有很多专家声称这才是唯一值得追求的路线[1]。但简单的逻辑还是会让我们意识到，每个人都自成平台是不实际的，其后果是一连串空荡荡的礁石，没有任何生物体（用户）的参与。正确的思路，是创

---

[1] 如"这种新模式（平台）的好处是如此引人注目，而其基本门槛又如此之低，因此它将不可避免地在绝大多数部门扎根。而作为信息技术的领导者，你有责任帮助公司尽快适应这种新现实"。https://www.computerworld.com/article/3089505/internet/5-steps-to- turning-your-company-into-a-platform.html。

建少数但聚集大量用户的平台生态系统。

犀牛企业或许难以接受这个事实，因为平台看起来很像传统的资产。鉴于犀牛企业对资产的热爱，它们的商业本能或许会敦促它们自主开发平台。然而，不幸的是，犀牛企业在平台建设上的很多尝试都是徒劳无功的，它们没有创造出充满生命力的礁石，只是生产了附着几只蚌的荒芜岩石。全球领先的商业采暖、通风和空调设备生产商江森自控，在 2011 年推出的 Panoptix 平台，就是一个典型的失败案例。这一举措被该公司视为通过吸引合作伙伴来获得更大市场份额的战略步骤，这些合作伙伴将开发建筑能效解决方案[1]。但也不乏有一些成功的案例，比如 FirstFuel[2] 的远程建筑评估（RBA）应用，然而其平台也从未达到预期的规模。2015 年，该公司停止接受新的应用，并停止了对外部开发商的支持[3]。

从我们所能看到的——至少在一定程度取得成功的平台数量来看，"自创平台"是一个风险很大的创业项目，成功的机会有限。对创业公司失败因素的相关分析结果，也证实了这一点：在导致创业公司失败的因素排行榜上，"自创平台"是仅次

---

[1] https://www.greenbiz.com/blog/2011/10/04/jci-unveils-panoptix-platform-boost-greater-building-performance-insight.

[2] http://www.firstfuel.com/news/press-releases/firstfuel-launches-app-on-the-panoptix-platform-by-johnson-controls/.

[3] https://hbr.org/2016/03/6-reasons-platforms-fail.

于"社交媒体"(其实也是平台)的第二大失败原因。

其实,作为生态系统的参与者,企业一样也可以玩得很大。应用开发者就是一个例子:虽然苹果应用商店或谷歌市场上有数千万个应用,但排名前 10 的应用——都是由大型专业公司而非业余爱好者创建的——却积累了 2/3 的收入[①]。这些平台参与者的业务规模令人惊叹,例如,收入排名全球第二的移动应用的发布者 Supercell Oy(超级细胞)公司[②]2016 年的收入超过 20 亿欧元,营业利润为 9.11 亿欧元[③]。其公司员工人数只有 200 多人,这就意味着其员工的人均创收近 1 000 万美元,即使在独角兽企业的世界里,这也是一个惊人的数字。难怪 2016 年软银将其 84% 的股份卖给中国巨头腾讯[④]时,其估值已经超过 100 亿美元。

现在,平台和生态系统的概念也已经渗透到了本质上不太容易实现数字化的其他行业中,即那些具有数字化包装潜力的行业。在这些行业中,数字化转型开始变得更加复杂和艰难。

---

① https://sensortower.com/blog/top-app-publishers-q1-2017.
② 平台业务规模最大的公司为私人持有,未披露财务数据。
③ https://uk.reuters.com/article/us-supercell-results/clash-of-clans-maker-profit-up-despite-pokemon-challenge- idUKKBN15U15I.
④ https://www.wsj.com/articles/tencent-agrees-to-acquire-clash-of-clans-maker-supercell-1466493612.

案例 4.4　在"全面数字化"的行业中引领转型

有时候，在一个具有全面数字化潜力的行业中，推动一家企业实现数字化转型看起来很容易：只需要照搬颠覆市场的独角兽企业的做法即可。然而对于一家历史悠久的传统企业来说，遵循这样的逻辑存在一个非常强大的障碍，即担心自我蚕食会导致收入的丧失。这种恐惧导致全球大多数媒体行业，对20世纪90年代以来的数字变革持抵制态度，而不是试图拥抱它们。不过，也有一些有趣的例外。

美国家庭影院频道（HBO），美国最大的有线电视频道之一，和整个有线行业一样受到了冲击。自2005年左右，订阅有线电视的家庭数量不断下降，不断增长的在线视频内容质量大大刺激了"用户退订"运动的发展。在2015年，美国有线电视的月平均订阅费超过100美元，但用户可以组合一个在线服务包，如网飞、亚马逊Prime和Hulu（美国在线视频网站），便可在成本降低一半以上的基础上，获得大致相同的观看体验[①]。虽然所有的有线电视频道都发现了这一挑战，但只有HBO一

---

① https://digit.hbs.org/submission/hbo-content-now-or-on-the-go/.

家敢于直面挑战,并推出自己的全面在线服务。

从 2008 年开始,HBO 就尝试在互联网上提供点播内容。到了 2010 年 2 月,它在全国范围内推出了 HBO Go,但这项服务的目标群体仍是现有的有线电视用户,是为了防止这些用户"退订"。几年后,HBO 意识到,想要在行业内与数字颠覆者竞争,它必须采取更积极的行动。因此 HBO 在 2015 年推出了 HBO Now,为用户提供海量内容库的在线访问,每月只需 14.99 美元。HBO 的这一举动,可能推动了有线电视行业的进一步衰落,但却获得了在线点播观看新市场的重要份额。2017

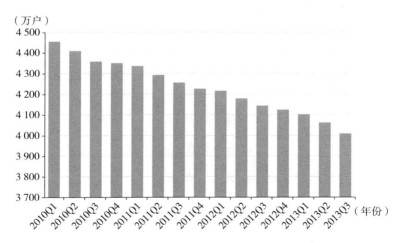

图 4.11　美国有线电视用户数量持续下降[①]

---

① http://www.businessinsider.com/cord-cutters-and-the-death-of-tv-2013-11.

年，除了传统有线电视用户，约有350万用户订阅了HBO的在线服务，其中相当一部分是由大获成功的《权力的游戏》系列推动[1]的。

大刀阔斧地与数字颠覆者直接竞争的幕后推手，是HBO的副总裁兼首席信息官[2]克尔·盖博瑞尔。他从20世纪90年代末，就开始在媒体领域开发数字服务，曾任美国国家篮球协会（NBA）的首席信息官。HBO的数字化转型，是一个相当难得的案例，一个首席信息官得到了高层管理团队的授权和支持，设计和领导的数字化转型项目，超越了技术实施的范畴，真正进入了业务战略转型的领域[3]。

数字化包装

假设你经营的是一家航空公司，或运动服装生产公司，或汽车制造公司，消费者希望从你的企业获得实物产品，这就意味着你的产品数字化的能力将受到限制。这就是需要"数字化包装"的行业和领域。这些行业的数字化转型，更像

---

[1] https://techcrunch.com/2017/07/25/game-of-thrones-premiere-sent-hbo-now-half-a-million-downloads-3x-increase-in-revenue/.
[2] http://hmgstrategy.com/network/people/michael-gabriel.
[3] 请查阅标题为《HBO信息技术如何推动收入增长》的文章。https://enterprisers-project.com/article/2017/7/how-hbo-it-drives-revenue-strategy-snapshot.

是一个玉米饼或烤肉卷饼——一块薄薄的面皮包裹着肉片或蔬菜,虽然很薄,但这块面皮必不可少,因为它能确保整个产品组合不会散架。

在这样的行业中,强行采用平台和生态系统的概念要困难得多,因为这些行业比较集中,没有足够的独立参与者来形成完整的生态系统。此外,实物产品没有办法快速转型到按需生产的模式。一家航空公司的机队只有那么多座位,而一家汽车厂每天生产的汽车也就那么多。很多时候,生产能力的扩大只能通过购买昂贵的资产来实现,而且销售的增长,有可能无法覆盖新的成本基础。

一家企业,如何在产量不变的情况下,赋予消费者更多的价值?数字化包装的概念或许可以发挥作用。这个策略,能够帮助企业在默认产品性能的基础上,尝试提供更多服务,让每一个客户的需求,都能够得到个性化的满足。

以非常复杂的航空业务为例,其成功取决于航空公司预测每条航线上的旅行需求的能力,其中涉及了难以想象的变量。虽然直接连接所有目的地行不通,但依然存在几千个可能的目的地。不同目的地之间的交通量,因一天中的不同时段、一周中的不同日期和一年中的不同月份而不同。就短途航线而言,航空公司面临来自其他交通工具的激烈竞争,且因为机场有限制,每小时能够接受的旅客和飞机数量也有限;航空行业存在规模经济，即满座的大型飞机的单个乘客效益更高，反过来说，如果一架飞机半空飞行，那么可能导致亏损。此外，航空公司还面临乘客取消航程和超额预订航班的风险。管理这个复杂系统的关键就是机票价格。利用机票价格的调整，航空公司能够鼓励或阻止顾客在特定的日期和时间搭乘飞机飞往特定的目的地。因此，合理制定每张机票的具体价格，对航空公司经营的整体成功至关重要。

在数字化时代来临之前，航空公司深陷卷帙浩繁的价目表中，这些价目表包含了购买一张机票，从目的地 X 到目的地 Y 的特定航班的所有可能变量。这些机票是由熟练的专业人员出售的，他们知道如何处理最复杂的情况。然而，这种做法给航空公司和乘客都带来了不便。乘客永远不可能提前知道下一个航班的价格，他们必须到专门的机票销售点去了解价格，并在那里花费相当长的时间，而且，并不是所有的机票代理人都很友好——机票代理人也是人，而且经常在情绪紧张的环境下长时间工作。为此，乘客要比较几家航空公司的价格很困难，乘客花越多时间询问，销售代理就越焦躁。

就航空公司方面而言，它们面临的问题是，这样的系统导致其无法迅速了解某一特定航班的需求量大小，而在知道之后，它们也无能为力，因为它们不具备迅速调整价格以鼓励或抑制乘客出行需求的能力。为此，航空公司选择提高单位乘客的利润率，以弥补可能出现的意外情况导致的损失，这也限制了其市场规模的发展。

数字化技术很快让整个人工操作的体系从历史舞台退出。现在，我们只需要上网订购机票，并且还有专门的网站为我们提供比较和搜索的服务，甚至还有可以无限搜索的网站，你可以轻松地调整检索的日期、时间、舱位和目的地等关键信息。这种检索不会导致任何情绪层面的压力，没人对你翻白眼，也不会有人因你提出的新检索要求而唉声叹气。

数字化也给航空公司带来了巨大的好处，它们现在可以在网上实时看到每个特定日期特定航班的机票销售情况。它们不再需要去制定复杂的运价体系，只需要制定简单的规则，让客户之间相互竞价即可。例如，某个班次的航班需求量很大，那么价格就会自动上涨。高价会劝退一些潜在的客户，使他们转而选择其他日期或时间段的航班。这个机制能够使机票的销售分布更加均匀，而且不需要航空公司的直接干预。

这听起来像是完美的"双赢"解决方案，然而，依然有输家的存在——旅行社的业务因为航空业的数字化，已经陷入了濒危的境地。在 20 世纪 80 年代中期，美国有超过 4.6 万家代理销售机票，但现在只有 1.3 万家[1]。2000 年，美国国内的

---

[1] http://www.travelweekly.com/Travel-News/Travel-Agent-Issues/How-many-travel-agents-are-there-.

旅游行业曾经雇用了 12.4 万人，2012 年这个数字下降到了 6.4 万人①。

另外，销售成本的降低，令航空业引入了廉价航空的概念。这是航空业的一场革命，使航班的价格普遍降低。更多人可以承受乘飞机出行，而这也刺激了人们更多地出行，进一步促进了许多飞行目的地旅游业的发展，旅游业成为许多国家的国内生产总值的重要贡献者。例如 2000 年到 2017 年，美国国内航班的价格每年以 0.88% 的速度增长，而消费品的平均增长率为 2.1%。因此，按通货膨胀调整后的美元计算，2017 年的机票将比 2000 年便宜 20% 左右②。

人们依然热爱实地旅行，乘坐飞机跨越不同的国家和地区。因此，购买机票和办理登机手续的过程，依然是旅游业务中整体客户价值的重要组成部分。随着数字化时代的到来，航空公司在旅行前的客户体验质量上的竞争，其激烈程度不亚于在飞行过程舒适度上的竞争。

---

① http://www.travelweekly.com/Travel-News/Travel-Agent-Issues/How-many-travel-agents-are-there-. 文章认为，该行业实际人数的减少要小得多，因为有 4 万多人在网上独立工作。这也表明了数字化颠覆给特定行业带来的另一个影响：相当一部分劳动力的就业形式从他人雇用转向自我雇用，这一过程既有好处也要付出代价。

② http://www.in2013dollars.com/All-items/price-inflation/2000-to-2017?amount=100.

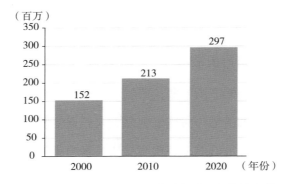

图 4.12　2000—2010 年全球长途飞行的总人数

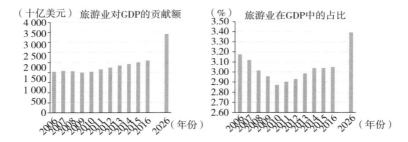

注：数字化转型对全球旅游业的影响可谓好坏参半：虽然旅游人数增长迅速，但旅游平均价格的下降，导致旅游行业增长缓慢，2006—2010 年其在全球国内生产总值中的份额有所下降，但从 2010 年后开始有所回升[①]。

图 4.13　旅游和出行对国内生产总值的直接贡献

同样的逻辑，也可以应用到其他类型的业务上，例如那些

---

① https://www.statista.com/statistics/195807/total-international-travel-arrivals-worldwide-since-2000/；http://www.wttc.org/-/media/files/reports/economic%20impact%20research/regions%202016/world2016.pdf.

处理产品而非服务的业务。比如，耐克的鞋子现在不仅仅是运动装备，还可以通过自带的数据传感器，上传数据到互联网上，分享用户日常训练的成果。该公司致力于借助社交网络的力量，通过一些数字仪器将线下和线上的用户网络融合在一起。

著名的特斯拉汽车也是同一类产品：其软件部分的构成，不仅提高了技术效率，而且为不断提升驾驶者的个性化体验而努力，再加上近乎完美的物理设计，是特斯拉获得客户满意度的重要因素。

同样的想法，也适用于另一类被数字化包装的行业，即由强大的监管机构对商业模式的实验进行审查的行业。银行业的商业模式，在2008年的金融危机之后，被政府刻意地迫使进入保守模式。国际和国内的协调努力进一步强化了银行业的这种保守，例如《巴塞尔协议Ⅱ》和《巴塞尔协议Ⅲ》提出的标准。此外，金融稳定委员会和世界各国政府的普遍共识是，无论多么"有创意"的颠覆，都应该远离这个行业。一系列复杂的规范，有效地阻止了银行对客户产品的再创新，大多数国家政府也不鼓励非银行机构进入金融市场。

然而，在银行和消费金融领域，肯定有更多的客户价值提升空间。银行业务本质上是为每个客户提供风险评估和管理的服务，而数字化的技术能支撑银行提供更多的个性化方法。通过数字渠道，客户与银行的沟通变得更加有效，心理上也更有收获：人们不需要为小额存款或小型的商业操作开户而感到害羞。银行还可以将服务延伸到数字化的个人咨询，包括税务管理，这项服务对于那些请不起专业会计师的小企业来说，尤其有价值。所以，全世界的银行，都正在尝试把保守的金融运作机制包装到数字化系统中，通过使金融服务变得对客户更友好和方便，创造更多价值。

案例 4.5　在"数字化包装"的行业中引领转型

要想在"数字化包装"的行业中改造犀牛企业，其领导者应该集中精力释放员工的创造潜能，将员工的注意力从传统的"产品"和"渠道"上，转移到建立整体的服务主张上，以期为客户提供新的价值。成功领导者的典范，是东欧最大的环球银行俄罗斯联邦储蓄银行（Sberbank）的首席执行官赫尔曼·格拉夫。

2005年左右，该银行仍主要作为一个政府机构行事，保留着苏联时代的一些传统。在苏联时期，这家银行是消费者接触所有金融业务的唯一大门。那时，俄罗斯银行业已经整体发展成为世界上最有活力和竞争力的行业之一，然而俄罗斯联邦储蓄银行的员工，通常宁愿无视这些变化，相反，他们习惯性地依靠纯粹的业务规模盈利。这家银行当时拥有近2万家分行，且资产规模位居世界前50名。这使得其员工骄傲地认为，是客户需要银行，而不是银行需要客户。为此，该银行在很大程度上仅充当了信息交换所的角色，在消费贷款或现代远程银行等产品方面，落后于私人竞争对手。

如何迅速扭转这种心态，是刚上任的格拉夫的核心任务。他之前没有任何银行业的工作经验，在被任命之前，他曾担任俄罗斯联邦经济发展部部长，他的一个主要成就，就是推动俄罗斯成功加入世界贸易组织。他认为银行有可能成为国家发展的核心机构，促进客户（包括个人和企业）的经济增长，而不仅仅是提供结算转账服务。随后10年的内部改革，使该银行的产品组合彻底现代化，建立了一流的现代自动柜员机网络，并将银行文化从传统的傲慢，转变为注重设计和创造客户价值。

最近，俄罗斯联邦储蓄银行开始探索新的组织方式，以期转变为具有全球竞争力的数字化企业机构。它在俄罗斯境内外设立了风险投资基金，并投资于能够为"普通俄罗斯人"的客户群提升生活质量的非金融业务，如达克达（DocDoc）医疗服务平台和Yandex.Market电子商务市场[1]。这些变革举措，远远超出了传统银行服务的界限，试图将俄罗斯联邦储蓄银行打造

---

[1] 赫尔曼·格拉夫，俄罗斯联邦储蓄银行现代化制裁的幸存者。https://www.ft.com/content/4abbcba6-c413-11e5-808f-8231cd71622e?mhq5j=e2.

成俄罗斯新消费型经济生态系统的中心。

数字化增色

我们最后探讨那些坚定地处于"原子"（实物产品）领域，并始终与客户保持距离的行业，即企业对企业（B2B）的业务，应该如何实现数字化转型。在这些领域，企业围绕着非常复杂和非常昂贵的生产性资产，比如矿山、钻井平台或加工厂进行运营，且最重要的业务就是实现这些生产性资产之间实物的流通。这一流通过程，也会涉及复杂而昂贵的资产，如超级油轮、管道或超大型卡车等。

除了管理庞大的长期生产性资产流通，此类企业的高管还应该妥善处理好重大安全风险，避免发生类似"2010年墨西哥湾深水地平线漏油事件"[①]等灾难。在这些领域，数字技术能够发挥的作用，似乎相对较小，就好像沙拉上撒的面包丁。这些数字技术肯定能够提升产品的质量，也是一个不错的策略，但并非必需品。

犀牛企业在这些行业中堪称如鱼得水，它们做着最擅长的事情——积累资金以创建和管理复杂的资产。这些行业遭遇重

---

① https://en.wikipedia.org/wiki/Deepwater_Horizon_oil_spill.

要威胁的可能性很低，因为市场准入的门槛看起来高得吓人，在这样的环境下，提升客户价值将是非常困难的任务。

然而，依然有一些无所畏惧的独角兽企业，渗透到这些依赖于丰富资产运作的行业，并通过重新调整和评估客户价值主张，来颠覆这些行业。以航空航天行业为例，这一直是一个昂贵的、受到严格管制的且主要由国企主导的行业。虽然它的一些应用，如卫星电视、全球电话网络或 GPS 导航，确实对全世界大多数人的日常生活产生了影响，但这个行业本身却很少谈及创造客户价值。这是一个在知识方面具有较高准入门槛的领域，顾名思义，它就是火箭科学；所有在那里工作的博士，对在一个"像快餐连锁店一样"的市场中竞争的想法，可能都会耸耸肩表示不可能。然而，越来越多的创新举措创造了"新空间"现象，它价格低廉，由私人行为者主导，并具有竞争力。像立方体卫星（CubeSat）、行星实验室（Planet Lab）或美国太空探索技术公司（Space X：由贝宝早期投资人埃隆·马斯克 2002 年 6 月建立），带来了用空间卫星帮助大众客户解决问题的想法。有趣的是，某些国有的行动者，特别是那些相对较晚加入太空俱乐部的国家，都很支持这一运动。印度空间研究组织（ISRO）就是一个有力的例子。这个负责空间探索的国家机构，现在是将小型私人卫星送入轨道的主要服务提供者。这里的技术挑战，是将几十个小卫星释放到太空中，使它们避免因碰撞而导致损坏,并在轨道上占据适当位置。印度空间研究组织的这项技术已经日臻完善,并在 2017 年 2 月 15 日创下了一项纪录,在一个有效载荷中,释放了 104 颗卫星。这项技术,也使得印度这个相对较晚进入顶级空间联盟的国家(该国在 2000 年末之前不是国际空间市场的供应商),占据了一个利基市场,而俄罗斯、美国或欧盟等现有空间大国,并没有注意到这个市场需求。

有时候,主要的挑战可能来自行业之外的企业。尽管这些行业的犀牛企业已经建立了庞大的资产基础,但这些资产基础仍可能小于小型企业集结形成的网络。这种情况,正在全球性的能源市场上发生:资源之间的重新洗牌(天然气和电力,相对于石油和煤炭,获得了更多的份额)、产生模式的转变(页岩油和天然气、可再生能源发电),以及新的分配和存储方式(大量的电瓶)。所有这些发展,都带来了数以千计、数以万计的小型私营企业,这些小企业加在一起,获得了与现有能源巨头同等的市场力量。"增材制造"(3D 打印技术)的出现,使许多工业金属被淘汰,颠覆了世界上最传统的一个重工业。

类似这样的技术转变,或许进展的速度较慢,因此将现有的生产流程数字化,而不重新设计业务的方法和转变组织,对企业来说很有吸引力。这也是大多数工业型企业,在数字化转型的过程中寻求的目标,即一系列零碎的数字化解决方案。这通常会通过降低成本实现生产力的提升。这种做法可能十分关键，并在某些情况下是有效的，但同时会带来很高的风险：在企业花费大量时间和金钱进行此类数字化转型的过程中，市场的转型可能会使其转型举措变得过时，导致时间和金钱的浪费。这些企业应该牢记的一点是，位于价值链末端的客户，是为他们获得的服务付费，而不是为了企业拥有的生产性资产付费。西奥多·莱维特说："消费者想要的不是钻头这个工具，而是孔这个结果。"但这话也只能说是对了一半，因为消费者真正想要的，或许是书架或墙上的画，而不是钻头打出来的孔。还有人说，消费者真正想要的，是一个住起来舒适、看起来有格调，还能够在家庭聚会上向亲戚朋友炫耀的房子。所以，即便企业意识到自己的业务是打孔，而不是卖钻头，也不能使其幸免于市场趋势转变的风险。事实上，终极的、不可改变的、能永远留在市场上的产品或许根本不存在。

在重工业领域，坚守数十年的成功战略，几乎成为犀牛企业的一种本能，而转型通常被视为一种异端。因此，在可用"数字化增色"的行业中，犀牛企业的领导者面临着最艰巨的任务：鼓励下属与当前自满的情绪作斗争，并在由对"非专业人员"极为敌视的专家构建的环境中，以行业"新手"领导者的身份进行管理。当犀牛企业所处的市场不存在激烈的竞争，且它们不是每天都能够感受到终端客户的脉搏时，要做到这一点尤为艰难。

案例 4.6 在"数字化增色"的行业中引领转型

要想在一个"数字化增色"的行业中，实现犀牛企业的转型，其领导者必须拥抱即将到来的变化，并想方设法纳入那些寻求挑战现状的新兴参与者，哪怕这些变化，在一开始似乎会令犀牛企业感到不舒服，且被其轻视。这就是印度空间研究组织主席库玛尔（AS Kiran Kumar）在 2015 年 1 月就任该组织的主席后采取的做法。他根本不是行业"新手"，他的整个职业生涯都奉献给了印度空间研究组织。但他还是做了一些重要的战略赌注，站在"新太空"的支持者一边，而当时国家航天组织的许多同行，对涌入这个行业的新人不屑一顾。库玛尔看到了可重复使用的运载火箭的潜力，并启动了该领域的研究计划。库玛尔的计划在埃隆·马斯克的 Space X 项目成功并证明这个想法是可行的之前，大多数专家都对此持怀疑态度。

库玛尔认为，全球对微型和纳米卫星的兴趣，为印度的发射器提供了一个巨大的市场机会，为此，他推动企业开发一种技术，以期在一次发射中把小型卫星群送入多个轨道。在 2017

年 2 月，他领导的项目取得了里程碑式的成就，当时印度空间研究组织，将来自多个国家的 100 多颗卫星送到了一系列轨道上，以非常复杂但可控的顺序投放，这是世界上第一个类似的壮举。随后，在 2017 年，他还下令由印度私营公司建造两颗新的国家通信卫星。这也成为轰动全国的大新闻，这在印度被视为一个高度敏感的政治举措。总的来说，库玛尔先生迅速带领印度空间研究组织，从一个在一定程度上被具有更长历史的竞争对手——美国、俄罗斯或欧盟——所掩盖的强大国家组织，演变成全球"新空间"领域的主要参与者，拥有了在全球范围内独一无二的重要能力[1]。

---

[1] https://www.geospatialworld.net/blogs/isro-kiran-kumar-transformed/.

……现在,这头犀牛知道哪些是错误的做法了,它看到了数字化转型的危险陷阱,还根据自己行业的性质,为企业的转型工作制定了明确的目标。"有没有可行的路线图供我借鉴?"就成为关键的问题……

第三节　成功数字化转型的第一手经验

我们在本书中,批判了关于数字化时代企业转型的诸多普遍存在的错误观念,并反复强调,要应对独角兽颠覆者带来的挑战,不存在任何简单的解决方案。我们也在前文中探讨了导致世界上很多优秀的企业,无法实现从犀牛到独角兽转型目标的七个陷阱。然而,如果我们只纠结于存在的问题和错误,那么本书实际上无法实现预期的价值。我们认为,的确存在一个切实可行的、建设性的行动路线图,能够帮助所有的犀牛企业及其所有的业务,实现数字化时代的转型,并在新经济中具备竞争力。我们能够提供的知识,以及我们对这些知识有效性的信心,首先来自东欧最大的国有银行——俄罗斯联邦储蓄银行——数字化转型的第一手经验。这家银行,曾被视为10年来最不可能实现数字化转型的犀牛企业之一,因此其成功经验特别具有代表性和借鉴性。

2007年,俄罗斯联邦储蓄银行被视为最不可能向现代金融机构转型的一个典型代表。这是一家笨拙且普遍效率低下的国有银行巨头，也曾被视为新兴的市场银行业的重要机构之一。它拥有近 2 万个分支机构，由 17 个半独立的地区部分自主管理，每个部门都有自己的信息技术系统，且不允许客户获得跨地区的银行服务（即在某个城市开户的客户，无法在另一个城市获得服务）。其财务数据表现看起来相当漂亮，但深入分析则会发现存在重大的结构性问题。俄罗斯联邦储蓄银行还错过了快速增长且利润丰厚的消费贷款市场。资金更充足的零售客户，也害怕其分行拥挤的人群、糟糕的服务和现代金融产品，如信用卡缺乏的情况。为此，其主要的商业模式，是依靠其国有银行的身份吸引廉价的流动资金，并将这些资金作为贷款，发放给同属国有的其他企业。这无疑为应对给全球金融市场带来重大打击和动荡的 2008 年金融危机，打下了坚实的基础。在遭遇金融危机的这一年，俄罗斯联邦储蓄银行的股本回报率从 21% 下降到 15%，资产回报率从 2.7% 下降到 1.9%，市值从年初的 920 亿美元，下降到年底的 170 亿美元[1]。

当然，在遭遇金融危机时，俄罗斯联邦储蓄银行完全可以像世界上大多数同规模的银行机构那样，要求国家再次注资，然而在 2007 年 12 月 1 日新上任的银行首席执行官赫尔曼·格

---

[1] http://www.sberbank.com/portalserver/content/atom/contentRepository/content/yrep2008.pdf?id=ce3b7382- 648b-4353-b2ad-2323369a9250。

拉夫，却有着完全不同的野心。他的愿景是把储蓄银行变成世界上最高效、最创新的金融组织之一。除了他的几个亲密的盟友，银行内外几乎没有人相信这一愿景的可行性。

5年后，《经济学人》的一篇文章写道："在格拉夫先生的领导下，按照几乎所有的衡量标准来看，俄罗斯联邦储蓄银行都已经成为一家现代化的金融机构，除了所有权①。"这家银行的经济效益明显得到改善，客户服务和信息技术也实现了飞跃式发展。然而，这只是格拉夫先生愿景路线图的第一阶段。这是在为俄罗斯联邦储蓄银行真正的转型打基础，而这个转型，将使其在数字时代具备全球竞争力。第一阶段的成功转型，展示了新团队的潜行能力，因为它涉及许多传统的管理实践的变革（最重要的是过度的去中心化）、最终的变革承诺和许多"新手"领导层对行业机会的全新看法。这种全新的方法，推动了一个里程碑式的并购交易，即收购俄罗斯历史最悠久的投资银行Troika②，从而启动了俄罗斯联邦储蓄银行的投资部门。然而，最重要的是，俄罗斯联邦储蓄银行开始尝试为零售客户提供价值，寻求将其客户基础扩大到年轻、充满活力和数字化的专业人士。通过安装现代化的自动取款机和推广网

---

① http://www.economist.com/node/21557362.
② https://www.wsj.com/articles/SB10001424052748704468904576193941604573826.

上银行，储蓄银行成功地减少了分行的排队人数，实现服务水平的明显提高，并积极进军消费贷款和信用卡等现代金融服务产品领域。

我们在撰写本书的时候，俄罗斯联邦储蓄银行已经摇身一变，连续多年被专业媒体评选为国家最佳银行[①]。尽管俄罗斯的经济整体停滞不前，但联邦储蓄银行的财务状况却很好（2016年，其净资产收益率，在欧洲50强银行中排名第一）。它的网上银行和手机银行，分别拥有3 700万和2 700万用户，它拥有贝宝在俄罗斯最大的竞争对手Yandex.Money 75%的股份，在泽列诺多尔斯克的一个地区小镇，它正在试点一个"未来的完全无现金城市"项目。到2017年底，该银行正在运行的涉及人工智能的项目超过150个，并计划在几年内，将这个数字翻两番以上[②]。此外，该银行开始了大规模的数字项目投资计划，购买了俄罗斯领先的医疗保健（DocDoc）和电子商务（Yandex.market）平台的股权。这项投资背后有明确的独角兽逻辑：通过探索俄罗斯地理和历史的特殊性导致客户明显服务不足的细分市场，寻找能够在未来几年实现指数级增长的市场。

---

① https://www.gfmag.com/magazine/october-2017/worlds-best-banks-2017-enhancing-customer-experience.

② http://sberbankinvestorday.com/files/Investor%20Day.%20Strategy%202020.pdf.

不过赫尔曼·格拉夫认为，俄罗斯联邦储蓄银行仍处于他和他的团队所设想的转型早期阶段。在 2017 年 12 月，他明确地表述了转型的最终目标：让俄罗斯联邦储蓄银行，在全球范围内，具备对抗谷歌、脸书和亚马逊的竞争能力，无论这些竞争对手，在未来几年选择何种方式进行业务扩张。这一目标的设定，形象地表明了该银行在思维方式上发生的巨大转变——因为就在短短的 10 年之前，它的主要挑战还是教会银行的出纳员熟练使用网上银行。

我们认为，俄罗斯联邦储蓄银行的经验，能够帮助世界上任何地区任何行业的任何大企业，勾勒出数字化转型的成功路线图。其成功背后的基本逻辑很简单：应该启用并赋予公司内部的潜行者（变革的领导者）权力，使其摆脱反应曲线的束缚。因为反应曲线的束缚，就是导致犀牛企业在竞争中总是落后于独角兽的原因：独角兽企业无须对变革做出反应，因为它们会引领变革，成为"数字原生"企业。因此，犀牛企业成功转型的关键，在于获得这种"数字原生性"。然而前文的案例已经证明，犀牛企业无法在组织内部实现这种原生性，因为这会遭到其企业性质的天然抗拒和阻碍。这也是我们要解决的一个关键矛盾，在数字化转型的过程中，我们既要置身于组织内，又要跳跃到组织外。

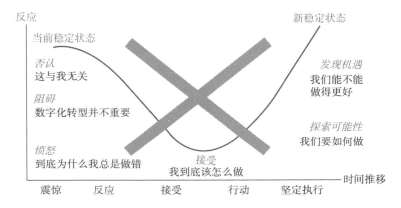

图 4.14　摆脱反应曲线的束缚

第四节　犀牛企业数字化转型的前进路线

正如前文论述的那样，处理自上而下的强制数字化转型的错误方式，是从技术入手。为此，正确的方法，自然是从最紧迫的组织架构问题出发，通过重新设计商业模式和产品，最终实现足够的技术转型方案的采纳。我们推荐的数字化转型路线由四个阶段组成，且与以往一样，第一个阶段是最重要的，因为它直接解决了犀牛企业如何实现内外兼修的关键矛盾。这就意味着犀牛企业的领导者应该转变视角，将整个公司变成类似投资基金一样的组织进行操作。也就是说，不要建立一个在外围市场运作的基金，而是将这个思路应用到企业所有的常规业务运作中。

转型的第二阶段，则是在犀牛企业内部建立一个新的技术管理型团队，即技术经理人。第三个阶段是重新思考企业对待客户群的方法，用创造性的盈利方式取代传统的营销。第四个阶段是学会让自己成为推动企业发展的关键技术系统，而不是像大多数传统企业那样，寻求现成的解决方案。以下是四个阶段中每个阶段应该如何实施的关键线索。

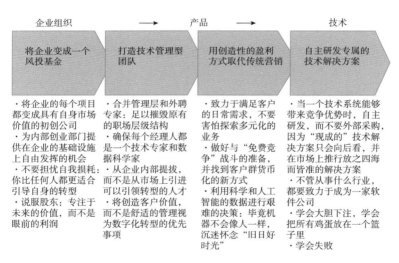

图 4.15 犀牛企数字化转型的前进路线

将企业变成一个风投基金

这听起来不像是一个突破性的想法，毕竟企业的风险基金从 20 世纪 50 年代就已经存在，但大多数操作都没能获得巨大的成功。原因是存在一些重要的障碍，其中包括如何在企业管理层引进真正具备企业家思维的管理人才。一般来说，这些人才应该享有基于绩效的开放式薪酬，然而当一家企业大部分员工的奖金都设定了上限时，要想让一个可能赚取超额财富的小型管理人员团队合法化，非常有挑战性。这些行业的破坏者，已经因为各种各样的理由，遭到了传统犀牛企业成员的抵触，而他们有可能获得的超高薪酬，则可能成为压死骆驼的最后一根稻草，导致整个犀牛企业上上下下的员工，全身心地抗拒他们提出的积极变革举措①。但是，想要招揽这些能够推动犀牛企业数字化转型的"潜行者"，丰厚的薪酬可能是唯一的方法。不管内部如何不看好，犀牛企业的领导者都应该具备决断性，玩一个简单的投资人游戏，即按功论酬，因为这些人暴富的前提，一定是公司利润的暴增。

在这里，我们需要强调广泛视野的重要性，企业周边市场的每一个重要业务，都应该被视为一个具备自身市值的独立业务，这将使犀牛企业可以仿照独角兽企业运作，即提升公司的未来价值，而不是追逐短期的资金流。正如我们前文论述的那样，这种方法能够激励企业内部各个部门的扩张动力，以及它

---

① CB Insights 的《企业风险投资史》中给出了很好的历史分析。

们对越来越多的客户和越来越大的市场的贪婪追求，而这些恰好是犀牛企业最缺乏的东西。

只要情况允许，犀牛企业的转型领导者就应该致力于为企业内部的独角兽部门，提供自由驾驭企业基础设施的机会。这可能会违背基本的会计原则，但这是必不可少的转型尝试。犀牛企业应该尽可能为这些独角兽项目，提供更多的自由现金，这样它们就可以在扩张速度上，与典型的独角兽企业竞争。为此，犀牛企业可能需要取消针对这些内部独角兽的各种可能的内部税，而且哪怕只是为了不造成独角兽部门的决定受到严密监控的印象，只要它们想从外部采购，大可放心批准。转型的犀牛企业的领导者，应作为一个预测未来价值潜力的投资者，而不是一个仔细检查损益数据的经理人。

关于内部独角兽部门控制的另一个重要观点，是应该允许它们开发那些有可能吞噬现有利润产品的东西，否则它们将可能无法保持竞争力。为了做出正确的判断，犀牛企业的领导者，或许需要评估这些新研发产品可能获得的市场份额（或客户群的规模），而这也将为转型路线的第三阶段打下基础。

对传统的犀牛企业来说，类似的激进政策调整从来都不容易实现。转型的领导者一定会遭遇的一个挑战，就是能否获得公司股东的支持。大多数股东投资一家企业，是因为相信这家企业的利润模式是可预测的、合理保守的,并且能够遵循经典的商业书籍提倡的健全管理实践。而如果告诉这些股东,你计划采用数字独角兽的大部分做法,并寻求他们的支持,可能是一项艰巨的任务。"如果我们想投资一家风投资金企业,我们就直接投资好了,何必投资你们?"——这可能是股东们的自然反应。负责引领犀牛企业转型的潜行者们,应该想方设法地与这些利益相关者沟通,让他们认识到数字时代的残酷现实,即不能冒着失去一切的风险,抵抗行业的颠覆。在数字化时代的企业中,转型是一种必然,不是一种选择,越晚启动,越是采用让每一个利益相关者感到舒适的举措,遭遇彻底失败的概率就越高。另外,数字企业的利润上升空间巨大,只要看看主要数字企业的市值增长图就知道了。

  来自非洲的南非报业公司,是通过投资核心业务之外的业务实现数字化的典型案例。这家拥有 100 多年历史的媒体公司已经成功转型成为最成功的数字化组合投资者之一,也成为新兴市场的数字化领导者。南非报业公司,成立于 20 世纪初,是非洲本土媒体市场的领军企业。但在 20 世纪 90 年代,其报纸和图书出版的核心业务的增长开始趋于平缓,于是南非报业开始寻找新的战略方向。事实上,世界上所有的出版商都处于同样的境地,然而很少有出版商能有如此远见。彼时,互联网在全球范围内仍是一个新的发展方向,许多观察家预测,"第三世界"将在许多年后才能从中获益。然而南非报业却成为其本土市场的早期投资者,早在 1997 年,就在本土市场推出了一家互联网供应商。除了国内战略,它还走向了国外。2001 年,该公司采取了一个大胆的行动:向中国的一家二线互联网公司——腾讯公司——投资了约 3 600 万美元。

事实证明,这是南非报业有史以来最好的交易之一,即使以互联网行业的高标准来看,也是如此。在随后的几年里,腾讯的在线通信和智能手机微信应用程序受欢迎的程度急剧上升,使得南非报业当前在腾讯持有的股份估值约为 400 亿美元。这不是偶然的好运气,南非报业特意在全球新兴市场寻找各种可能的互联网领域的投资机会,其另一笔重大交易是在俄罗斯达成的,入股 DST 控股公司。DST 控股公司控制了俄罗斯最大的一些网络平台,包括第一大电子邮件平台、两个领先的社交网络和重要的游戏开发公司。现在,南非报业在约翰内斯堡证券交易所的估值,超过 1 000 亿美元,成为世界上排名第 6 的互联网公司。自 2015 年 5 月以来,南非报业一直被视为在盛产钻石、黄金和石油等贵重商品的非洲大陆上,最有价值的公司。

还需要记住的是,明智的投资也是使雅虎股东免于痛苦的财务损失的原因,尽管雅虎也没有逃过运营业务惨败的屈辱。但这是否意味着,犀牛企业的转型投资,应该永远远离原本的核心业务，无论是从地域上，还是从行业上？明确地说，这不是我们提倡的观点。不管管理学的主流怎么说，以远或近来评判业务是否值得投资，都是一个错误的标准。真正对投资组合有指导意义的是，这些潜在的投资，是否进入了有可能实现客户价值指数级提升的市场领域。如果是这样，将此类投资货币化，并为企业提供指数级增长，将是一个技术问题，是一个重要而困难的问题。为了不错过客户群提供的机会，犀牛企业应该首先改变公司创造产品的方式，因此它们需要新型的管理者团队。

打造技术管理型团队

独角兽的一个主要优势，是它们能够在扁平和灵活的团队基础上运作。这是加快新产品上市必不可少的前提条件，也使得独角兽可以以更少的成本进行运作，而独角兽在人均收入方面的优势，可以转化为更多的投资用于业务扩张。更小、更扁平化的团队，也能更频繁地做出更有力的决策。犀牛企业只有在能够具备这种扁平化和灵活性的前提下，才有可能获得数字化转型的成功。

然而，在打破犀牛企业固有的基础即专业分工之前，随便破坏企业现有的等级制度，并不是明智的做法。正如我们前文所讨论的那样，犀牛企业所处的商业世界中，专业知识仅掌握在少数人手中，且企业员工的角色受到严格限制。想要打破这样一个传统的商业世界，犀牛企业就需要培育一个全新的管理层，他们将负责日常运营，同时也具备深厚的技术专长和执行力，他们就是所谓的"技术经理人"。

在当今经济中，每个经理都应该是一个产品技术专家，同时也是一个数据科学家。将技术和分析工作委托给专家，以及随之而来的无休止的设计和商业计划的迭代，在快节奏的现代经济体系中，已经是一种难以承受的奢侈。数据驱动的决策，是推动产品的不断改进、追求最终客户价值的主要驱动力，这就要求所有关键人员，都能熟练掌握现代的分析方法，并理解所选择的发展路径具备的执行意义。我们在美国有线电视 HBO Now 转型案例中看到，产品是如何由担任副总裁执行职务的首席信息官推出的。如果其新产品的开发，是通过 20 个世纪惯用的"研发"模式来引导的，那么 HBO 公司或许很难具备如此强大的竞争力，以及技术方面出色的执行力。

同样重要的是，每个战略领域都要有一个获得授权的、专门的团队，并能够参与决策的过程。这可能会增加一些成本，也会使高层的讨论复杂化，然而创建团队总是比创建等级制度更好。如果一个下级小组的创意，要经过几个阶段的汇报才有可能获批，它们就不可能拿出真正积极的东西，更不可能在全面执行阶段为自己的想法辩护。为此，当俄罗斯联邦储蓄银行开始考虑将人工智能作为未来几年业务发展的核心领域时，它责成核心管理团队中的一名成员，负责领导所有与人工智能相关的项目，并将其提升为高级副总裁。

这又给了我们一个重要的启示：无论何时，尽可能从公司内部提拔可以引领企业数字化转型的潜行者。"收购雇佣"（以留住人员为目标收购市场上的公司）可能是一个热门的操作。例如在沃尔玛和 Jet.com 的交易中，很多人都把沃尔玛这家零售巨头的数字化转型希望，放在了魅力十足的马克·洛尔的到来上。

然而，收购雇佣的形式，容易带来企业文化水土不服的风险。引用一位批评这种做法的人的表述："首先，这些通常是天价收购；雅虎在支付 3 000 万美元收购了 Summly 后，关闭了这家公司，并解雇了所有的员工，只留下了尼克·达洛伊西奥和其他两个人。这就相当于这三个数字化人才，每人价值 1 000 万美元，即被认为'便宜'的收购雇佣，实际上也很昂贵，例如雅虎于 2013 年 7 月宣布收购 Xobni（一款 Outlook 电子邮件组织整理程序，Xobni 以插件的方法嵌入 Outlook，便于用户共享和搜索 Outlook 中的邮件地址和电话号码），其 31 名员工的价格虽然低于 Summly，但仍高达人均 130 万美元，代价可谓昂贵。此外，发起收购的公司，最终会眼看着自己的产品被杀死，这是一种多么痛苦的经历……我听说整个硅谷有很多被收购雇佣的工程师，工作的日常就是磨洋工，等待恢复自由身并计划再次自立门户。"[1] 此外，收购雇佣的做法，也会摧毁企业原本在职人员的士气，刺激最优秀的那一批员工另觅高职。

为此，犀牛企业为了数字化转型而创建的技术管理团队，应该接受一个非常严苛的任务：找到在行业内或其他地方，创造新的客户价值水平的方法。转型成功的情况下，他们绝对可以名利双收。衡量规模的目的应该是将企业最优秀的员工，带出传统企业管理的舒适区，并将他们变成真正渴望充分承担探索未知和风险的潜行者。

用创造性的盈利方式取代传统营销

创造性盈利的方法之一便是客户群货币化，客户群的货币化在过去其实很简单：一家企业投资建厂，其研发部门推出一种新产品，然后其营销人员进行营销，使客户对产品产生需求。即便随着时间的推移，这个过程变得越来越复杂，企业将越来越多的精力，投入消费者研究、细分市场、概念测试等方

---

[1] 详见 V. Korovkin, B. Leleux 和 A. Shapenko 的《泰比科技》教学案例。

面，但总体的逻辑和流程仍然是不变的，即顾客是购买产品并支付费用的人。在现代商业诞生的早期，在我们这个时代已经成为犀牛企业的公司，在当时也处于起步阶段，创新性也比现在更高。通用汽车公司在 20 世纪 20 年代，就已经推出了黄色出租车和赫兹汽车租赁等业务，这是间接产品货币化的伟大成功案例。但这种创造性的时代已经过去了。在企业竞争的封闭俱乐部环境中，过度关注获取消费者的方式，被认为是一种障碍，而不是一种资产。

然后，数字时代的到来，模糊了关于客户的清晰定义。突然间，一个实际上没有向企业支付任何费用的人——甚至从来没有打算支付费用的人——可能成为潜在的客户。例如，谷歌、脸书或推特的受众，就是此类潜在客户，他们不会直接带来金钱，企业也不能像传统电视广告那样对他们进行"批量"销售。数字平台出售的商品，是受众的行为，为了有效地做到这一点，平台需要知道如何刺激这些行为。

这使数字时代的产品开发变得异常复杂，至少从成功率来看，并不简单。一家数字企业，可能要同时为几个不同的群体，创造尽可能多的有价值的体验。网上冲浪者和广告商、骑手和司机、旅行者和业主、买家和卖家，缺一不可。平台所迎合的两个群体之间总是冲突的：买家要的是便宜快捷，卖家要的是利润率和宽松的操作流程，即使是以广告为主的商业模式，受众也是变化无常的，他们只能容忍特定数量且特定质量的广告。

因为这种复杂性，当今的客户经营逻辑已经与过去的传统完全相反。几十年前，是客户跟着产品走，而不是产品跟着客户的日常生活需求走。这就是为何犀牛企业向偏离核心业务较远的行业多元化发展可能会具备很大的商业意义，就像俄罗斯联邦储蓄银行那样，从银行业到医疗行业的发展。

然而，对于犀牛企业来说，仅仅学会转变为跟着客户需求走是不够的，因为它们可能会发现，在花费大量时间和金钱进入新的细分市场之后，还要面临来自独角兽企业的免费报价竞争。实际上，在任何行业中，在任何一个特定的时间点上，都会有市场玩家试图通过免费提供有价值的服务，获取市场份额和客户群。这个做法，可能颠覆了我们对于传统营销的所有认知，不管营销教科书上讲了多少关于"价格战"的内容，但是当企业需要与报价为零的对手竞争时，情况可能完全不一样了。

很多时候，这些免费提供服务的公司，依靠其服务的质量，寻找那些愿意为额外服务付费的客户群，这就是"免费增值"商业模式的基础，并在手机游戏中获得了巨大的成功。在手游市场，有一部分客户，沉迷于开发公司免费提供的游戏体验，以至于产生强烈的意愿为扩展的游戏功能付费。这种模式随后逐渐渗透到更多传统的行业，比如电信行业：在很多机场或酒店里，客户通常会面临两种选择，一种是免费但速度很慢的（或限时的）上网服务，另一种则是付费的高速的（或不限时的）网络连接。此外，很多网络零售商发现，它们可以从交付服务的质量的货币化中，获得大量的现金流——例如次日或指定时段交付。我们甚至可以展望一下这个商业模式在金融领域的应用，例如世界各地的银行都开始因自动柜员机的应用，而开始降低金融服务费率，这也不足为奇。

然而，这种商业模式并非十全十美，当大多数客户对免费提供的服务相当满意，而那些愿意付费的客户可能会选择不同的产品时，企业可能会陷入进退两难的境地。来自俄罗斯的泰比科技（Abbyy：一个文档识别、文档捕获、语言技术和服务的供应商）就遭遇了这样的困境。这家公司是全球领先的机器翻译解决方案的开发商，其创造的产品非常复杂，耗费了大量的研发时间和资金，但能够提供接近专业人工译员的翻译质量。其Lingvo解决方案专业版的零售价，高达数百美元，并配有经济、医学、法律、石油和天然气等特定领域的词典[①]。然而当谷歌带着完全免费的翻译服务到来时，泰比科技发现自己遭遇了强劲的竞争对手。虽然谷歌翻译对大多数语言的翻译

---

① https://www.abbyy.com/ru-ru/lingvo/windows/?utm_source=google&utm_medium=cpc&utm_campaign=ga-lingvo2015&utm_term=%2Blingvo%20%2Babby&gclid=Cj0KCQiAiKrUBRD6ARIsADS2OLmVHZDC0kmWA1zlPz8cIq2 PugCkBPgcFrA-kPosEcZOKGGyc577f88aAuKjEALw_wcB.

效果远远达不到像样的程度，但整体而言，它对文本的含义能够实现基本的理解，这对绝大多数用户来说，已经足够了。而那些需要较高翻译质量的商业客户，无论如何都会倾向于雇用专业的人工翻译。这是因为很多客户发现，熟练的翻译人员在免费的谷歌翻译支持下，产出译文的速度几乎和泰比科技的翻译器一样快。对泰比科技来说，这是一个很难应对的挑战，因为它的资源相对于搜索引擎巨头谷歌来说，要少得多。为了应对挑战，泰比科技也不得不创建一些免费语言服务，如lingvolive.com等网络门户，以期建立自己的专业翻译人员和外语学习者的生态系统，以抗衡免费的谷歌翻译。

在判断哪一种方法能够更好地实现客户群的货币化时，机器变得越来越比人类更高效。这也是现在每一个企业管理者都应该成为强大的数据科学家的另一个原因，毕竟依赖直觉纵横商海的时代，已经结束了。数字和算法，已经证明许多行业长期以来奉为圭臬的做法，实际上是错误的，例如在银行业，允许贷款分期付款或延迟支付（但不拖欠贷款）的做法，一直以来被视为忠诚度低的标志，且银行认为这类客户没有什么价值，并在他们还清贷款后立即放弃。然而，一家银行进行的数据分析工作，带来了颠覆性的启示：事实上，这类客户不仅带来的利润更高（由于支付了罚息），并且对银行的忠诚度也更高，但前提是银行必须以妥善理解的态度，为他们提供服务。

这些客户或许由于种种原因，现金流极其不宽裕，并在迟迟无法支付分期贷款时，感到很大的压力和内疚，如果银行能够在此时表现出宽容的迹象，理解他们的行为是"事出有因"，那么就能收获这些客户的高度忠诚作为回报。

这样的发现，不应该是某个特别有好奇心（或特别有空闲）的分析家偶尔的洞察，而应该成为企业运营核心技术系统的一部分。正是通过此类数据分析系统，优步、缤客、亚马逊或网飞等独角兽企业，才能够打败犀牛企业，在降低新客户获取成本的同时，成功地实现更高的客户终生价值。

而这也将我们引入了成功的数字化转型涉及的最后一个问题，也就是数字化成功转型的第四个阶段：技术设计、开发和部署。

自主研发专属的技术解决方案

在犀牛企业向数字化转型的过程中，是"自主研发还是外部采购"，一直是核心管理层面临的一个难题。因为这个决策涉及了成本、能力和风险等多方面的因素。此外，犀牛企业领导者的个人心态，也是一个重要的因素。因为在 19 世纪，许多伟大企业的创始人都来自经济拮据的家庭。在这些家庭中，尽可能自主完成分内的事情，是一种良好的家庭传统。在管理企业时，他们常常把这种逻辑转化为经营公司的原则。亨利·福特尤其以向后整合到供应链起始端而著称，他拥有矿山、木材厂和玻璃铸造厂，所有这些都是为了使其生产的福特T型车尽可能地经济实惠。但后来，他彻底改变了自己的做法，开始寻求数量的灵活性，并剥离了大部分不直接参与汽车生产的控股权。

其转变后的态度，越来越被推崇为正确的商业做法。在千年之交，"注重核心业务"的思想已经成为管理思想的主流，基本经济学原理也为其提供了强有力的支撑：从亚当·斯密开始，经济学就宣称专业化必然需要首先优化经营，然后是降低成本，最后是规模经济。如果世界上有一家公司专门生产某种产品，在这项生产活动上，这家公司的效率、质量和成本，必然会比其他次要活动更高。因此，其逻辑是自主生产可以在市场上买到的东西，永远是资源和时间的浪费。

传统信息技术公司系统的采购，就完美地契合了这个逻辑。这些系统由甲骨文、SAP或IBM等专业供应商开发，出售给世界各地的大公司，并在前者派遣的技术顾问的帮助下，进行安装，然后技术顾问将根据具体的行业要求和业务流程的特点，对系统进行必要的调整。随着时间的推移，某些类别的企业软件也应运而生，如企业资源计划（ERP）、客户关系管理（CRM）、商业智能（BI）等。在每一类软件中，人们可以选择由少数国际软件开发巨头创建的现有解决方案，也可以选择一系列较小的、更专业的软件供应商。

但独角兽企业无法遵循这个逻辑，因为它们业务方法的性质，就决定了它们所做的事情已经超出了现有商业模式的限制。试图将独角兽企业的颠覆性想法塞进一些预先定义的技术系统中，没有任何意义，且这种做法会在一开始就消耗大量的固定成本，这也是独角兽企业尽量试图避免的支出。另外，大多数独角兽企业的创始人都是技术极客，他们天生热爱自己开发软件代码。因此，大多数独角兽企业最终会使用高度原创的技术解决方案，并为未来的创新者们开辟道路。如 Hadoop 架构（这是一个由 Apache 基金会所开发的分布式系统基础架构。用户可以在不了解分布式底层细节的情况下，开发分布式程序，充分利用集群的威力进行高速运算和存储），成为构建大数据系统最流行的一个架构方法，或者 TensorFlow 开源软件库，这个最早由谷歌创建的内部使用系统（是谷歌基于 DistBelief 进行研发的第二代人工智能学习系统，可被用于语音识别或图像识别等多项机器深度学习领域，对 2011 年开发的深度学习基础架构 DistBelief 进行了各方面的改进，它可以在小到一部智能手机、大到数千台数据中心服务器的各种设备上运行。TensorFlow 完全开源，任何人都可以用），现在已经成为人工智能开发的重要工具。亚马逊云也是从内部技术方案发展而来。

显然，这种技术系统是为特定的商业模式量身定做的，并旨在尽可能地提供竞争优势。任何现成的解决方案，在这里都无法与之相提并论：一个提供给所有买家的东西，不可能为任何买家创造独特的优势。这些解决方案都是向后看，而不是向未来看的；它们缺乏在数字时代获得竞争成功所需的大胆的商业眼光。

因此，犀牛企业在数字化转型过程中，最后要学会做的一件事，就是用自己的双手，研发必要的技术。只要是能给企业带来竞争优势的系统，就去自主研发，而不是外部采购。无论是来自哪个行业的犀牛企业，在数字化转型的过程中，都要成为一家软件公司。俄罗斯联邦储蓄银行，再次成为强有力的典范：其技术部门联邦储蓄银行技术部，是俄罗斯最大的数字业务雇主，员工人数近1万[1]。但技术部门的规模并不是最终目标，犀牛企业应该追逐的目标是，拥有最好的技术人才，并将其投入解决独特业务的任务中，从而实现公司的数字化转型愿景。为了确保运营的有效性，尽管只有一个客户——俄罗斯联

---

[1] https://www.vedomosti.ru/technology/articles/2017/06/08/693543-krupneishaya-it-kompaniya-gendirektora 163.

邦储蓄银行集团[1]——其数字技术部门仍以独立运营的原则提供服务。

犀牛企业还应该牢记的一点是,这些技术解决方案,最好由新型的组织开发,而不是由升级改造后的传统信息技术部门来负责。另外,这件事情需要以潜行的方式来实现,并最终得出能够创造客户价值,并实现货币化的技术解决方案。这样的解决方案总是需要大胆的赌注,把所有的鸡蛋放在一个篮子里,在根本上背离了规避任何可能的信息技术风险的传统企业文化。

如此大规模的全新技术开发,绝对不可能在没有错误和失败的情况下顺利进行。在与独角兽企业的竞争中,犀牛企业要明白,失败是通往成功的必经之路。正如我们所看到的那样,那些在技术上、产品开发上,甚至在组织设计上从不惧怕失败的犀牛企业,才会具备将失败转化为宝贵经验的转型能力。改造后的犀牛企业,应该将这种能力的培养,视为优先于任何其他事项之上的首要任务。

---

[1] 俄罗斯联邦储蓄银行在俄罗斯技术市场上的份额,可以用一则逸事来说明:当联邦储蓄银行在 2017 年夏天,升级其人工智能计算能力时,造成了长达数周数据处理设备的短缺。http://www.ntv.ru/novosti/1950387/.

结 语

在本书中，我们谈到了传统企业，也就是犀牛企业，如何在数字时代转型的迫切问题。新生代的竞争者——独角兽企业——的到来，颠覆了前者所在的市场和行业，给传统企业带来了全方位的冲击。迎接挑战，往往需要犀牛企业对10年前的管理基础原则，进行彻底的重新评估。

独角兽并非来自另一个星球，它们的优势也不在于技术领域。实际上，许多独角兽企业所运行的系统，看起来并不像传统的企业信息技术系统那样复杂；它们所依赖的数字技术，不过是促成和推进20世纪70年代以来发展的强大社会趋势的因素，包括非正式社会网络的重要性不断加强，消费者对市场力量的争夺，有才华和有创业精神的年轻人从僵化的等级组织中逃离，等等。利用这些趋势，独角兽们成功地发展了整体性的新经济，并在下面 8 个方面优于传统的犀牛企业：

　　它们按照新的游戏规则与利益相关者打交道；
　　它们拥有更大的自由现金流；
　　它们发展更精简的业务；
　　它们通过更扁平、更敏捷的组织开展工作；
　　它们能够做出强有力的决策；
　　它们狂热地创造客户价值；
　　它们能够拥抱持续的变化；
　　它们拥有强大的实力，甚至可以承受看似致命的冲击。

　　这些优势让独角兽成为传统的犀牛企业无法比拟的竞争对手。而要求犀牛企业接受这一点绝非易事，它们的反应曲线，经历了"否认—阻碍—愤怒"的过程。在犀牛企业寻求应对挑战适当对策的过程中，这个抗拒式的反应逻辑，却将它们带入了危险的转型陷阱。

　　犀牛企业倾向于在了解全盘情况之前，就开始做出反应。它们首先尝试用技术来应对挑战，并在技术转型行不通之后，转向产品转型。只有遭遇真正的惨败，并知道这些尝试没有用之后，它们才会着手解决问题的核心，即改变犀牛企业自身的组织方式。在得出这个认识的同时，它们也极容易陷入前文探讨的数字化转型的七个陷阱。即使是转型的成功，也有可能变成陷阱，我们从耐克或博柏利的例子可以看出这一点。

对于转型中的犀牛企业而言，要做正确的事情，首先要摆脱反应曲线，学会像数字原生公司一样拥抱新世界。为此，它们需要特殊的企业领导者来做这件事，即潜行者。这些领导者，能够将犀牛企业，从传统惯例的束缚之中解脱出来，他们知道什么时候该坚守初心，什么时候该转型；他们能够带来对犀牛企业所处的行业、市场和客户的全新观点；他们能够创造全新的商业模式。如果这些潜行者获得了足够的权限，去设计和领导整个组织的变革，他们可能会遵循四个阶段的转型路线。

首先，他们会把犀牛企业变成像投资基金一样的企业组织，追求的是每项业务的资本化增长，而不是当前财务成果的增量。其次，他们将在犀牛企业内部，建立一个广泛的"技术经理人"阶层，消除由狭窄的能力领域和严格的角色所定义的传统等级制度。再次，他们将重新处理与客户的关系，通过提供新的价值来扩大客户群，并以许多间接的、有时是意想不到的方式，实现客户群基础的货币化。最后，为了推动所有这些变革的实现，他们将建立犀牛企业自主的技术系统，这些系统将有助于创造竞争优势，甚至对抗独角兽颠覆者。

转型后的犀牛企业最后会怎样？某些部门可能会保持犀牛企业的传统——虽然可能转变为更健壮的犀牛和更敏捷的犀牛。庞大、复杂、规避风险、相对不敏感，是诞生于20世纪并发展壮大的犀牛企业天生具备的基因。彼时，世界上基础设施不足，企业不得不学会积累大量的资金，并将其转化为沉重的物质资产。

21世纪的世界，很多地方都具备了完善的基础设施，而这些基础设施却没有得到充分利用。这给有着不同经营逻辑的独角兽企业推崇的自由经济，带来了蓬勃的发展。转型后的犀牛企业，接受了这一新的发展趋势，建立了一个企业家族。在这个家族中，犀牛的"祖父"（传统模式部门）照顾着宝贵的基础设施资产遗产，而一群快乐的后代则在这些资产上自由驰骋，通过创造新的客户价值，实现成倍的增长。

通过向独角兽学习，犀牛终于在数字时代找到了自己的方向。它可能不会完全改变自己，因为它太老太重了，玩不起年轻人的游戏。但是，它可以选择吸引和培养年轻人，甚至让年轻的独角兽们占据其心爱的牧场的一部分。这一刻，它成了聪明的犀牛，成了懂事的犀牛，成了一个庞大家庭的幸福家长。它自己的牧场现在有些小了，而且还在继续缩小。然而它的孩子们却在征服新的广阔空间——那些它自己不敢涉足的市场和领域。

附 录

1. Peter Thiel, Blake Masters: Zero to One: Notes on Startups, or How to Build the Future.
2. Источник: Korn Ferry Institute: https://www.kornferry.com/press/age-and-tenure-in-the-c-suite-korn-ferry-institute-study-reveals-trends-by-title-and-industry/
3. См., например: Corporate Venture Capital Experiencing Robust Growth but Facing Hurdles, Bell Mason Group Report Finds, globenewswire.com, https://globenewswire.com/news- release/2017/05/22/994743/0/en/Corporate-Venture-Capital-Experiencing-Robust-Growth-but-Facing-Hurdles- Bell-Mason-Group-Report-Finds.html ; The rise of corporate venturing - http://www.smeweb.com/2016/05/24/rise-corporate-venturing/.
4. Walmart Fourth Quarter Fiscal Year 2014 Earnings Call: http://s2.q4cdn.com/056532643/files/doc_financials/2013/q4/FY14Q4finalmanagementscript.pdf.
5. Источник: http://mashable.com/2014/05/08/amazon-sales-chart/#5iN32Yjg0iqs.
6. Источник: https://www.statista.com/statistics/183599/walmarts-net-sales-worldwide-since-2006.
7. Walmart's Major Digital Acquisitions. A list of acquisitions made by Walmart from 2011 to the present, including Jet.com, ModCloth, and Bonobos. https://www.innovationleader.com/list-walmart-acquisitions-jet-bonobos/.
8. Walmart corporate report 2019, https://s2.q4cdn.com/056532643/files/doc_financials/2019/annual/Walmart-2019-AR-Final.pdf .
9. Sarah Perez (2018). Walmart passes Apple to become No. 3 online retailer in U.S. Techcrunch, November 17, 2018 https://techcrunch.com/2018/11/16/walmart-passes-apple-to-become-no-3-online-retailer-in-u-s/.
10. Kim Bhasin (2012) Bezos: Amazon Would Love To Have Physical Stores, But Only Under One Condition. Business Insider, Nov 27, 2012 http://www.businessinsider.com/amazon-jeff-bezos-stores-2012-11.
11. Brittain Ladd (2018) Was Acquiring Whole Foods Amazon's 'Bridge Too Far'? Forbes, Dec 20, 2018 https://www.forbes.com/sites/brittainladd/2018/12/20/was-acquiring-whole-foods-amazons-bridge-too-far/#6449c1da1638.
12. В статье Welcome to the Unicorn Club: Learning from Billion-Dollar Startups, опубликованной на Techcrunch.com.
13. Источник: http://www.benphoster.com/facebook-user-growth-chart-2004-2010/.
14. Источник: https://amigobulls.com/articles/ipo-calendar-2015-edition-hottest-upcoming-ipos-2015.

15　Fresh Economic Thinking. New ideas and analysis by Dr Cameron K. Murray http://www.fresheconomicthinking.com/2016/.

16　Christensen, Clayton M. The Innovator's Dilemma: When New Technologies Cause Great Firms to Fail. Boston, MA: Harvard Business School Press, 1997.

17　Источник: https://en.wikipedia.org/wiki/Genrich_Altshuller.

18　Источник: https://en.wikipedia.org/wiki/TRIZ.

19　Источник: https://www.statista.com/statistics/197710/annual-book-store-sales-in-the-us-since-1992/.

20　Проект SpaceCube.

21　Источник: https://en.wikipedia.org/wiki/List_of_oldest_companies.

22　Kara Swisher (2007) 15 Billion More Reasons to Worry About Facebook. http://allthingsd.com/20070925/15-billion-more-reasons-to-worry-about-facebook/.

23　Annual Study of Intangible Asset Market Value from Ocean Tomo, LLC (2015) http://www.oceantomo.com/2015/03/04/2015-intangible-asset-market-value-study/.

24　Источник: расчеты авторов на основе данных yahoo! finance, обращение 31 июля 2017.

25　Источник: www.gurufocus.com.

26　Некоторые из них: Cara McGoogan (2016) Yahoo: 9 reasons for the internet icon's decline http://www.telegraph.co.uk/technology/2016/07/25/yahoo-9-reasons-for-the-internet-icons- decline/, Scott Carey (2017) Why did Yahoo's Marissa Mayer fail? Five reasons why Marissa Mayer failed to perform a turnaround, Techworld, Jun 14, 2017 https://www.techworld.com/picture-gallery/careers/what-went-wrong-for-marissa-mayer-at-yahoo-5-reasons-ceo-failed-perform-turnaround-3655968/ , A Tale of Two Brands: Yahoo's Mistakes vs. Google's Mastery http://knowledge.wharton.upenn.edu/article/a-tale-of-two- brands-yahoos-mistakes-vs-googles-mastery/.Источник: расчеты авторов на основе данных yahoo! finance, обращение 31 июля 2017.

27　См. сравнительное мнение о стоимости сделки на http://www.dividend.com/news/2013/forget- acquisitions-yahoo-should-start-paying-a-dividend-yhoo/.

28　Источник: http://www.macrotrends.net/stocks/charts/GOOG/profit-margin/alphabet-inc-c-gross-operating-net-profit-margin-history.

29　Gary L. Neilson, Julie Wulf (2012) How Many Direct Reports? Harvard Business Review , April 2012 , https://hbr.org/2012/04/how-many-direct-reports.

30　Gary Hamel, Bill Breen: The Future of Management, Harvard Business Press, 2007.

31　Источник: https://in.finance.yahoo.com/news/everything-tech-levels-job-hierarchy-190754345.html.

32　Источник: https://www.quora.com/What-are-the-different-job-bands-in-IBM.

33　Источник: https://www.quora.com/What-are-all-the-job-levels-in-Microsofts-technical-career-track.

34　Интересную дискуссию по психологии плоских организаций см. Ethan Bernstain: «Flat Organizations Like Zappos Need Pockets of Privacy», Harvard Business Review,

November 2014.

35 People Don't Want Something Truly New, They Want the Familiar Done Differently. https://www.nirandfar.com/2015/06/california-role-rule.html.

36 Competitive Advantage, http://www.referenceforbusiness.com/management/Bun-Comp/Competitive-Advantage.html#ixzz55PRUsyHC.

37 Jim Collins , Jerry I. Porras : Built to Last: Successful Habits of Visionary Companies - Harper Business Press, 1994.

38 Message in a Bottle. What an Ever-evolving Design of the Iconic Coca-Cola Bottle Tells Us About the Times in Which We Live, https://www.amexessentials.com/message-in-a-bottle/.

39 Eugene Kim (2016) Amazon CEO Jeff Bezos explains why the Fire Phone disaster was actually a good thing, Business Insider May 19, 2016, http://www.businessinsider.com/jeff-bezos-why-fire-phone-was-a-good-thing-2016-5

40 См., например: http://fortune.com/2014/09/29/why-amazons-fire-phone-failed/.

41 Aaron Tilley (2017) Why Apple Joined Rivals Amazon, Google, Microsoft In AI Partnership, Forbes, Jan 27, 2017 https://www.forbes.com/sites/aarontilley/2017/01/27/why-apple-joined-rivals-amazon-google-microsoft-in-ai-partnership/#6194ebc75832.

42 Dow Jones гордится этим как сигналом о том, что он идет в ногу с развитием экономики в последнее время: https://www.fool.com/investing/general/2014/05/14/5-fascinating-facts-about-the-dow-jones-industrial.aspx.

43 McKinsey (2017) How digital reinventors are pulling away from the pack. https://www.mckinsey.com/business-functions/digital-mckinsey/our-insights/how-digital-reinventors-are- pulling-away-from-the-pack.

44 Can you be a digital follower? https://thebusinessleader.co.uk/2015/05/28/can-you-be-a-digital-follower/.

45 Характерный пример: https://www.forbes.com/sites/oracle/2016/06/02/why-fast-follower-is-yesterdays- tech-and-business-strategy/#3803e5491bb3.

46 Мао Цзэдун, письмо, 5 января 1930.—Selected Military Writings of Mao Tse-Tung, p. 72 (1966).

47 PwC (2014) Insurance 2020: The digital prize – Taking customer connection to a new level, https://www.pwc.fr/fr/assets/files/pdf/2014/07/pwc_etude_assurance2020_dommageetdigita l.pdf

48 Bain & Co. Global Digital Insurance Benchmarking Report 2015. https://www.bain.com/insights/global-digital-insurance-benchmarking-report-2015/.

49 Bruce Hodges, Group Chief Information and Digital Officer of Generali, https://www.generali.com/media/press- releases/all/2016/Generali-and-Microsoft-announce-a-partnership-for-Digital-Business-Transformation.

50 Стив Тобак на CBS https://www.cbsnews.com/news/the-business-synergy-myth/.

51 Nandita Bose (2017) Exclusive: Cyber Monday showdown - Wal-Mart closes in on Amazon in online price war, Reuters, November 27, 2017 https://www.reuters.com/article/us-walmart-onlineprices-amazon-excluisve/exclusive-cyber-monday-showdown-wal-mart-closes-in-on-amazon-in-online-price-war-idUSKBN1DR0I6.

52 Источник: https://www.scrapehero.com/number-of-products-sold-on-amazon-vs-walmart-january-2017/.

53 Источник: https://www.revionics.com/amazon-vs-jet-com-vs-walmart-price-leadership-holiday-gift-category/.

54 Источник: https://ilmk.wordpress.com/2014/10/21/comparing-the-bestsellers-amazon-and-barnes-noble/.

55 Phile Whaba (2014) Avon bets on e-commerce makeover to win back Ladies…and save U.S. business. Fortune, September 21, 2014 http://fortune.com/2014/09/21/avon-ecommerce/.

56 Molly Prior (2013) Sheri McCoy Accelerates Digital Push at Avon, http://wwd.com/business-news/financial/sheri-mccoy-accelerates-digital-push-at-avon-6788881/.

57 Ben Kepes (2013) Avon's Failed SAP Implementation A Perfect Example Of The Enterprise IT Revolution, Forbes Dec 17, 2013 https://www.forbes.com/sites/benkepes/2013/12/17/avons-failed-sap-implementation-a-perfect-example-of-enterprise-it-revolution/#39ee64cd31a6.

58 Avon chief Sheri McCoy to step down https://www.ft.com/content/55a3c52e-51f6-11e7-bfb8-997009366969.

59 Lila MacLellan (2017) The ultimate case against using shame as a management tactic, Quartz, July 30, 2017 https://qz.com/1039957/the-ultimate-case-against-using-shame-as-a-management-tactic/.

60 Charles Duhigg (2016) What Google Learned From Its Quest to Build the Perfect Team, New York Times, Feb. 25, 2016, https://www.nytimes.com/2016/02/28/magazine/what-google-learned-from-its-quest-to-build-the-perfect- team.html?_r=0.

61 Chris Argyris (1991) Teaching Smart People How to Learn, Harvard Business Review, May- June 1991.

62 Источник: http://kitchenboy.net/blog/target-quietly-closes-chefs-catalog-cooking-com/.

63 Источник: http://www.annualreports.com/HostedData/AnnualReportArchive/t/NYSE_TGT_2014.pdf.

64 John Cook (2011) (Walgreens to buy drugstore.com for $429 million https://www.geekwire.com/2011/breaking-walgreens-buy-drugstorecom-429-million/.

65 Taylor Soper (2016) Walgreens to shut down drugstore.com, 4 years after $429M acquisition https://www.geekwire.com/2016/walgreens-shut-drugstore-com-4-years-429m-acquisition/.

66 T. Boone Pickens (1987) Boone - Houghton Mifflin.

67 Eric Savitz (2013) The DNA Of Digital Leaders, Forbes, March 10, 2013 https://www.forbes.com/sites/ciocentral/2013/03/10/the-dna-of-digital-

leaders/#7daad2ad688c.

68 CapGemini (2013) Nike: From Separate Digital Initiatives to Firm-Level Transformation, https://www.capgemini.com/resources/nike-from-separate-digital-initiatives-to-firm-level-transformation.

69 Investor Letters: Nike's 2008 Letter to Shareholders https://visible.vc/blog/investor-letters-nikes-2008-letter-to-shareholders/.

70 Дата обращения 24 августа, 2017.

71 How Burberry Embraced Digital and Transformed Into a Leading Luxury Brand, Centric Digital, November 9, 2015 https://centricdigital.com/blog/digital-strategy/digital-transformation-in-traditional-fashion-burberry/.

72 Design a Custom Burberry Trench Coat, http://www.independent.co.uk/life-style/fashion/design-a-custom-burberry-trench-coat-2130443.html.

73 Ashley Armstrong (2017) Burberry profits slip as Bailey prepares to hand over the reins http://www.telegraph.co.uk/business/2017/05/18/burberry-profits-slip-bailey-prepares-hand-reins/.

74 Orjan Solvell, Michael Porter: Finland and Nokia. Creating the World's Most Competitive Economy. Harvard Business School case 9-702-427.

75 Jay Yarow (2012) Here's What Steve Ballmer Thought About The iPhone Five Years Ago, Business Insider, June 29, 2012, http://www.businessinsider.com/heres-what-steve-ballmer-thought-about-the-iphone-five-years-ago-2012-6..

76 Nokia 2007 corporate report.

77 http://forVerne Kopytoff (2013) Why Google is pulling the plug on Frommer's, Fortune, March 22, 2013, http://fortune.com/2013/03/22/why-google-is-pulling-the-plug-on-frommers/.

78 Houghton Mifflin Harcourt Acquires Award-Winning Culinary Program, Webster's New World Reference Titles and CliffsNotes Guides from John Wiley & Sons, Inc., https://www.wiley.com//WileyCDA/PressRelease/pressReleaseId-106123.html.

79 Turner Publishing Acquires Pets, Crafts, and Other Titles from Wiley's General Interest Consumer Publishing Program https://www.wiley.com/WileyCDA/PressRelease/pressReleaseId-108057.html.

80 Источник: https://www.chronicle.com/blogs/linguafranca/2012/03/21/death-of-a-dictionary-or-abduction/.

81 Данные по стоимости акций на 28.01.2018

82 There's Just One Word for Jack Welch… http://knowledge.wharton.upenn.edu/article/theres-just-one-word-for-jack-welch/, некоторые яркие детали см. в автобиографии Джека Уэлша «Мои годы в GE» (Jack Welch, John A. Byrne: Straight from the Gut, Warner Books, 2001).

83 См. нсм. EY Global Corporate Divestment https://www.ey.com/en_gl/divestment-study и McKinsey (2017) How digital reinventors are pulling away from the pack, https://www.mckinsey.com/business-functions/mckinsey-digital/our-insights/how-digital-reinventors-are-pulling-away-from-the-pack.

84 Историю много раз пересказывали, с некоторыми различающимися деталями. Вы можете погуглить версии или прочитать одну из них, например, здесь: http://www.almorel.com/2011/11/the-amazing-story-of-the-making-of-rocky/.

85 https://www.cbinsights.com/research-tech-ceos.

86 Wal-Mart Satellite Communication System, http://emergingtechnologiesis.blogspot.ru/2007/10/wal-mart-satellite-communication-system.html.

87 Christophe Cariou et Morgane Gaulon-Brain (2012) Du Minitel a l'Internet http://www.inaglobal.fr/telecoms/article/du-minitel-linternet.

88 Источник: https://en.wikipedia.org/wiki/Minitel.

89 Источник: http://www.internetlivestats.com/total-number-of-websites/.

90 Richard Rumelt (2011) Good Strategy Bad Strategy: The Difference and Why It Matters – Crown Business Publishing

91 Leslie Guevarra (2011) JCI Unveils Panoptix Platform to Boost Building Performance Insight https://www.greenbiz.com/blog/2011/10/04/jci-unveils-panoptix-platform-boost-greater-building-performance-insight.

92 http://www.firstfuel.com/news/press-releases/firstfuel-launches-app-on-the-panoptix-platform-by-johnson- controls/.

93 Marshall W. Van Alstyne, Geoffrey G. Parker, Sangeet Paul Choudary (2016) 6 Reasons Platforms Fail, Harvard Business Review, https://hbr.org/2016/03/6-reasons-platforms-fail.

94 CB Insights: R. I. P. report, https://www.cbinsights.com/research/Startup-death-data/.

95 Top App Publishers of Q1 2017: 10 Largest Accounted for 67% of All Revenue, https://sensortower.com/blog/top-app-publishers-q1-2017.

96 Tuomas Forsell, Jussi Rosendahl (2017) Clash of Clans maker profit up despite Pokemon challenge, Reuters, February 15, 2017, https://uk.reuters.com/article/us-supercell-results/clash-of-clans-maker-profit-up-despite-pokemon-challenge-idUKKBN15U15I.

97 Juro Osawa and Sarah E. Needleman (2016) Tencent Seals Deal to Buy 'Clash of Clans' Developer Supercell for $8.6 Billion, Wall Street Journal, June 21, 2016 https://www.wsj.com/articles/tencent-agrees-to-acquire-clash-of-clans-maker-supercell-1466493612.

98 HBO: Content Now Or On The Go, https://digit.hbs.org/submission/hbo-content-now or-on-the-go/.

99 Sarah Perez (2017) 'Game of Thrones' premiere sent HBO NOW half a million downloads, 3x increase in revenue, Techcrunch, July 25, 2017 https://techcrunch.com/2017/07/25/game-of-thrones-premiere-sent-hbo-now-half-a-million-downloads-3x- increase-in-revenue/.

100 Jim Edwards (2013) TV is Dying, http://www.businessinsider.com/cord-cutters-and-the-death-of-tv-2013-11

101 См. http://hmgstrategy.com/network/people/michael-gabriel.
102 См. статью с характерным заголовком «How HBO IT drives revenue». https://enterprisersproject.com/article/2017/7/how-hbo-it-drives-revenue-strategy-snapshot.
103 Kate Rice (2013) How many travel agents are there? http://www.travelweekly.com/Travel-News/Travel-Agent-Issues/How-many-travel-agents-are-there-.
104 Источник: http://www.in2013dollars.com/All-items/price-inflation/2000-to-2017?amount=100.
105 Источник: https://www.statista.com/statistics/195807/total-international-travel-arrivals-worldwide-since-2000/ ; https://www.wttc.org/-/media/files/reports/economic%20impact%20research/regions%202016/world2016.pdf .
106 «Herman Gref, Sberbank's modernising sanctions survivor» https://www.ft.com/content/4abbcba6-c413-11e5- 808f-8231cd71622e?mhq5j=e2.
107 Источник: https://en.wikipedia.org/wiki/Deepwater_Horizon_oil_spill.
108 Theodore Levitt (1960) «Marketing myopia», Harvard business review 38.4, стр. 24-47.
109 Harsha Vardhan (2016) Ten ways ISRO has transformed under Kiran Kumar https://www.geospatialworld.net/blogs/isro-kiran-kumar-transformed/.
110 Годовой отчет Сбербанка за 2008 г. http://www.sberbank.com/portalserver/content/atom/contentRepository/content/yrep2008.pdf?id=ce3b7382- 648b-4353-b2ad-2323369a9250.
111 Abacus to ATM http://www.economist.com/node/21557362.
112 William Mauldin (2011) Russia's Sberbank to Buy Troika Dialog, The Wall Street Journal, March 11, 2011 https://www.wsj.com/articles/SB10001424052748704468904576193941604573826.
113 World's Best Banks 2017 | Enhancing The Customer Experience, Global Finance, October 02, 2017, https://www.gfmag.com/magazine/october-2017/worlds-best-banks-2017-enhancing-customer-experience.
114 Sberbank Annual Report on 2016 Performance https://www.sberbank.com/common/img/uploaded/files/pdf/stockholders/2017/sb_ar2016_eng.pdf
115 Sberbank Strategy 2020, https://www.sberbank.com/common/img/uploaded/files/info/investor_day._strategy_2020.pdf.
116 Прекрасный исторический анализ дан в The History Of CVC: From Exxon And DuPont To Xerox And Microsoft, How Corporates Began Chasing 'The Future' https://www.cbinsights.com/research/report/corporate-venture-capital-history/.
117 Laszlo Bock, Work Rules!: Insights from Inside Google That Will Transform How You Live and Lead.
118 См. Andrey Shapenko, Vladimir Korovkin, Benoit Leleux (2018) ABBYY: the digitization of language and text, Emerald Emerging Markets Case Studies https://www.emerald.com/insight/content/doi/10.1108/EEMCS-03-2017-0035/full/html.
119 https://www.abbyy.com/ru-ru/lingvo/windows/?utm_source=google&utm_medium=cpc&utm_campaign=ga-lingvo2015&utm_term=%2Blingvo%20%2Babby&

gclid=Cj0KCQiAiKrUBRD6ARIsADS2OLmVHZDC0kmWA1zlPz8cIq2 PugCkBPgcFrAkPosEcZOKGGyc577f88aAuKjEALw_wcB.

120 Павел Кантышев (2017) Крупнейшая по численности IT-компания России сменит гендиректора https://www.vedomosti.ru/technology/articles/2017/06/08/693543-krupneishaya-it-kompaniya-gendirektora.